谨以此书
纪念韬奋先生120周年诞辰！

韬奋精神六讲

聂震宁 著

生活·讀書·新知 三联书店

人民出版社

图书在版编目（CIP）数据

韬奋精神六讲／聂震宁著. —北京：生活·读书·
新知三联书店：人民出版社，2015.11　（2016.5 重印）
ISBN 978 - 7 - 108 - 05566 - 8

Ⅰ．①韬…　Ⅱ．①聂…　Ⅲ．①邹韬奋（1895 ~ 1944）－生平事迹
Ⅳ．① K825.42

中国版本图书馆 CIP 数据核字（2015）第 248554 号

责任编辑　叶　彤
装帧设计　薛　宇
责任印制　宋　家
出版发行　生活·讀書·新知 三联书店
　　　　　（北京市东城区美术馆东街 22 号　100010）
网　　址　www.sdxjpc.com
经　　销　新华书店
印　　刷　北京市松源印刷有限公司
版　　次　2015 年 11 月北京第 1 版
　　　　　2016 年 5 月北京第 2 次印刷
开　　本　880 毫米 × 1230 毫米　1/32　印张 5.25
字　　数　112 千字
定　　价　32.00 元
（印装查询：01064002715；邮购查询：01084010542）

目　录

写在前面的话

　　2014年10月15日，习近平同志在文艺工作座谈会上发表了讲话。一年来，全国新闻出版界和文艺界一道，一直在认真学习和贯彻讲话精神。随着学习贯彻的深入，生活·读书·新知三联书店和人民出版社两家出版机构都产生了编写出版邹韬奋精神读本的构想。他们认为，新闻出版界可以结合学习韬奋精神，加深对习近平同志重要讲话精神的学习理解和贯彻落实。

　　这两家出版机构与韬奋先生都有着特殊的联系。韬奋先生是生活·读书·新知三联书店的主要创始人之一，而在1985年以前，三联书店一直是人民出版社的副牌出版社。两家重要出版机构几乎是不约而同地与韬奋基金会联系，提出了编写出版韬奋精神读本的构想。

　　邹韬奋先生是我国现代进步新闻出版业的杰出代表，是唯一一位列入首批国家公祭日公祭烈士名录的新闻出版界人士。新中国成立以来，韬奋精神已经成为我国新闻出版事业的一面旗帜。

　　那么，什么是韬奋精神？韬奋精神主要包含哪些内容？我们知道，对于韬奋精神，毛泽东同志曾做过精辟的总结，即"热爱人民，真诚地为人民服务，鞠躬尽瘁，死而后已，这就是邹韬奋先生的精神"。这是韬奋精神的核心。韬奋精神又是丰富的。韬奋在国家民族生死存亡之际表现出来的强烈的爱国主义精神，真诚地为人民服务的精神，坚持真理、永不屈服的斗争精神，以及正确处理新闻出版的事业性与商业性关系，善于经营，精于管理，爱岗敬业，等等，都是韬奋精神的重要内容。

这就是直到韬奋先生诞辰一百二十周年后的今天，国家公祭的三百位抗日烈士中有他的英名在列，许多围绕着他辉煌事迹的纪念活动相继举行的主要原因。这也是直到他不幸逝世七十多年后的今天，以他的名字命名的"韬奋新闻奖"、"韬奋出版奖"一直是新闻出版界个人成就最高奖的重要理由。

说来十分幸运，2009 年我荣获了第十届"韬奋出版奖"。获奖的时候，我感到的主要不是自豪和骄傲，而是对伟大的爱国者、杰出的新闻出版家韬奋先生加倍的敬仰。

也是十分幸运的事，几年前我在中国出版集团公司任总裁，生活·读书·新知三联书店即在集团公司旗下，在三联书店改革发展的一些关键时刻，我不同程度地发挥过应有的作用。总裁任期届满交班后，我又荣幸地担任了韬奋基金会第四届理事会理事长。这是 1987 年为纪念韬奋先生而成立的我国新闻出版界唯一的公益性基金会。任职以来，我和基金会的同仁们，尽职尽责，为继承研究韬奋的思想文化遗产，弘扬韬奋精神，培养和表彰新闻出版业高端人才努力发挥作用。基金会创立了韬奋出版人才高端论坛，每一年度都会对韬奋精神和出版业人才问题进行高层次的研讨。

编写韬奋精神读本的任务似乎是顺理成章地交给了我。

我知道这是一项非常艰巨的任务，应承下来需要足够的勇气和毅力，同时也明白，这是一件十分神圣的事情，我国新闻出版界早就应当有这样一个读本，而当前形势下尤其需要这个读本。无论是发自内心的敬仰之情还是出于目前的职责之所在，这项任务对于我几乎都是无法推卸的。在学习领会习近平同志在文艺工作座谈会上的讲话精神的同时，在阅读了关于韬奋先生的大量资料之后，在韬奋先生诞辰一百二十周年的 2015 年的盛夏，我开始了《韬奋精神六讲》的写作。

第一讲

为大众

《生活》周刊创刊于 1925 年 11 月，1926 年 10 月起韬奋接手主编。

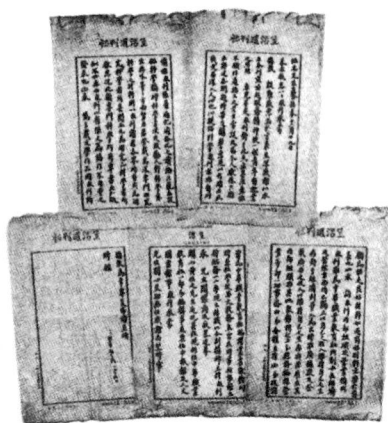

韬奋给读者的复信。

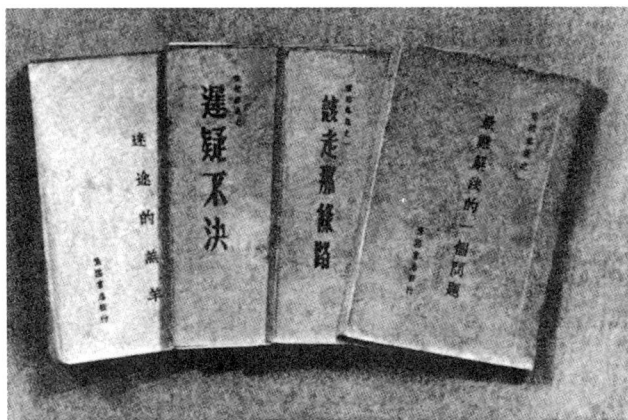

韬奋热情答复读者来信，并编成读者信箱汇集和外集。

韬奋创办的《大众生活》。

推母爱以爱我民族与人群

韬奋书扎 吾守所

卅年 音若

韬奋手迹。

1. 《生活》周刊的崛起

1920—1930 年代，作为我国当时现代出版中心的老上海，杂志界可谓五花八门，消遣类生活时尚杂志竟有一百多种，文学类杂志随时创刊又随时关张，多数杂志的寿命只有一两年。当时比较引人注目且比较稳定出版的杂志是《东方杂志》《小说月报》《良友画报》等。《东方杂志》由商务印书馆出版，是当时首屈一指的大型综合性杂志。刊物记录历史风云变迁，刊载当月中外重大政治、经济、文化事件和要闻，并且选录当时各种官商报纸刊物所载的重要文论和新闻要事，内容广泛丰富，是名人发表作品的重要园地。《东方杂志》自 1904 年创刊，发展到 1931 年时正可谓如日中天。《小说月报》也由商务印书馆出版，创刊于 1910 年，同时也是文学研究会的机关刊物。文学研究会倡导"为人生"的现实主义文学，因而刊物倡导为人生的艺术，推动新文学运动的发展，到 1931 年已经发展成为当时我国创刊最早、规模最大、影响最广的新文学刊物。《良友画报》由上海良友图书印刷公司出版。这是一本从鸳鸯蝴蝶风格向海派文化成功转型的通俗类杂志。转型后，画报一洗鸳鸯蝴蝶派的旧习沉疴，逐渐从无聊消遣成为增广见识，深入浅出地宣传文化美育，启发心智，丰富常识，开拓生活视野的杂志，一度成为老上海的畅销刊物。

就在老上海的杂志界一方面鱼龙混杂，另一方面品牌杂志稳定覆盖市场的形势下，谁也不曾料到，一份周刊悄然崛起，很快成了全国销量第一的杂志。这就是邹韬奋先生接手主编的《生活》周刊。《生活》周刊1925年11月创刊，创刊的第一年里，期发量只有两千八百份，其中多数还是赠阅。1926年10月韬奋接手后，1928年的期发量就达到了四万份，1929年突增至八万份，1931年末十二万份，1933年达到十五万五千份，而畅销刊物《良友画报》的期发量最高时也只有四万份。不到七年的时间里，《生活》周刊发行量四级连跳，一时之间在全国出版业传为神话。

这个神话的制造者当然就是主编邹韬奋。

至于制造神话的故事，韬奋本人在编刊当时和后来的回忆文章中，有过不少阐述，归纳起来，主要是：

一是以读者的利益为中心，竭诚为读者服务。韬奋接手主编工作后，感觉到刊物过于拘泥于职业教育，而对社会、对更广大的读者缺乏关注，甚至对接受职业教育的青年的多方面爱好也有所忽视，决定调整办刊方向和宗旨。其中最重要的是确定大众刊物的定位，突出为读者服务的精神。韬奋指出："《生活》周刊是以读者的利益为中心，以社会的改进为鹄的，就是赚了钱，也还是要用诸社会，不是为任何个人牟利，也不是为任何机关牟利。"（《韬奋全集》第五卷，第448页，上海人民出版社，1995）1930年，邹韬奋在《我们的立场》一文中写道："我们是立于现代中国的一个平民地位，对于能爱护中国民族而肯赤心忠诚为中国民族谋幸福者，我们都抱着热诚赞助的态度。我们不愿唱高调，也不愿随波逐流，我们只根据理性，根据正义，根据合于现代的正确思潮，常站在社会的前一步，引着社会向着进步的路上走。所以我们希望我们的思想是与社会进步时代进步而俱进。"（《韬奋全集》第三卷，第256页）韬奋虽然确定了"以读者的利益为中心，以社会的改进为鹄的"的办刊宗旨，但并非用一成不变的眼光来观察大众读者的需求，而是与大众读者一同前行，始终保持密切的联系。他说："一般大众读者的需要当然不是一成不变的，所以不当用机械的看法，也没有什么一定的公式可以呆板地规定出来。要用敏锐的眼光，和深切的注意，诚挚的同情，研究当前一般大众读者所需要的是怎样的'精神粮食'：这是主持大众刊物的编者所必须负起的责任。"（《韬奋全集》第七卷，第206页）

二是确定办刊宗旨，形成内容特色。韬奋说："接手后即确定宗旨为'暗示人生修养，唤起服务精神，力谋社会改造'，方向较定，努力亦较专，……依最近的趋势，材料内容尤以时事为中心，希望用新闻学的眼光，为中国造成一种言论公正评述精当的周刊。"（《韬奋全集》第三卷，第256页）这一宗旨也就预设了刊物的内容特色。韬奋在编辑撰稿过程中，尽量运用高超的编辑艺术，创造生动的形式，展现正确的思想内容。正如他在办刊寄语中所敬告读者的那样："本刊期以生动的文字，有价值有兴趣的材料，建议改进生活途径的方法，同时注意提醒关于人生修养及安慰之种种要点，俾人人得到丰富而愉快的生活，由此养成健全的社会。"（《韬奋全集》第一卷，第839页）从他为周刊所设的栏目可以看出他服务读者的包容性。周刊栏目既有言论、专论，也有事业与修养、处事之道、名人轶事、人物介绍、名人箴言，还有平民生活素描、学徒生活之改进，又有国外通讯、婚姻恋爱、娱乐、体育等。文章长短不拘，通讯可稍长，小言论必短小，还配以插图和漫画，让读者看了赏心悦目，爱不释手。以致有读者来信赞扬道："每星期之渴望《生活》，真有'若大旱之望云霓'之慨。"

三是坚持创造精神，杜绝尾巴主义。对于这一点，韬奋看得很重。他说："最重要的是要有创造的精神。尾巴主义是成功的仇敌。刊物的内容如果只是'人云亦云'，格式如果只是'亦步亦趋'，那是刊物的尾巴主义。这种尾巴主义的刊物便无所谓个性或特色；没有个性或特色的刊物，生存已成问题，发展更没有希望了。"为了创造，要"变换内容，注重短小精悍的评论和'有趣味有价值'的材料，并在信箱一栏讨论读者所提出的种种问题。对于编制方式的新颖和相片插图的动目，也很注意。所谓'有趣味有价值'，是当时《生活》周刊最注重的一个标语。空论是最没有趣味的，'雅俗共赏'的是有趣味的事实（三联书店，《韬奋》，第95页，生活·读书·新知三联书店，2007）。韬奋特别避讳无趣的空论。他起草的一则《特别征文》告诉征文作者："苟有事实可举，亦请不必计及文之工拙，惠然赐稿。"（《韬奋全集》第三卷，第193页）他十分注意刊物内容的有趣，坦诚地表示，他所认为有趣的题材主要有三种，一是新鲜的事实，二是"闻所未闻见所未见"的国内外各种实情，三是著名历史人物的经历。韬奋认为，读者最感兴趣的东西，往往也是他们最关心最想知道的事情，这就是前面引述韬奋的名言："要用敏锐的眼光、深切的注意和诚挚的同情，研究当前一般大众读者所需要的是怎样的'精神粮食'。"这就是他所主张的办好周刊的创造精神和杜绝尾巴主义的着力点。

四是内容贵精不贵多，篇篇过硬。他特别仔细地分析过周刊内容的特点。"尤其是周刊，每星期就要见面一次，更贵精而不贵多，要使读者看一篇得一篇的益处，每篇看完了都觉得时间并不是白费的。要办到这一点，不但内容要有精彩，而且要用最生动最经济的笔法写出来。要使两三千字短文所包含的精义，敌得过别人的两三万字的作品。写这样文章的人，必须把所要写的内容，彻底明了底消化，然后用敏锐活泼的组织和生动隽永的语句，一挥而就。这样的文章给予读者的益处显然是很大的：作者替读者省下了许多搜讨和研究的时间，省下了许多看长文的费脑筋的时间，而得到某问题或某部门重要知识的精髓。"（三联书店，《韬奋》，第196页）

五是艰苦奋斗的作风，甘于奉献的精神。《生活》周刊初创阶段条件非常艰苦，社址只有一间小小的过街楼。小屋里放了三张办公桌后，就几乎不再有转身之地，而办刊中所有的事务都必须在这间拥挤的小屋里解决。办刊人也只有三位，一位是徐伯昕，负责营业、总务和广告，一位是孙梦旦兼职会计，还有一位就是韬奋先生，负责刊物的全部内容。因为是周刊，时间紧，来稿少，一开始绝大多数文章都是韬奋先生直接撰写，根据文章内容以各种不同笔名发表，前后用过十多个笔名。为了办好刊物，按时出刊，他们经常连夜加班工作。他后来回忆道："我永远不能忘记这个小小的过街楼，在几盏悬挂在办公桌上的电灯光下面，和徐、孙两先生共同工作到午夜的景象。在那样寂静的夜里就好像全世界只有我们三个人，但同时念到我们的精神和无数万的读者联系着，又好像我们是夹在无数万的好友丛中工作着！"（《韬奋全集》第七卷，第 200 页）

《生活》周刊成功的经验也许还有若干，譬如韬奋个人的编辑才华，徐伯昕的鼎力相助和出色的经营天赋，以及创办人中华职业教育社总负责人黄炎培先生的充分信任和授权，等等。但是，从当时上海杂志业的格局来看，从当时品牌杂志的结构来看，韬奋先生给《生活》周刊确定的"竭诚为读者服务"的方向和"暗示人生修养，唤起服务精神，力谋社会改造"的宗旨，无疑是使得这份刊物异军突起、广受社会各界关注，成为彪炳中国现代出版史册的名刊的最为主要的因素。

2. 竭诚为读者服务

"竭诚为读者服务"，一直被三联书店几代人奉为"三联精神"，也被认为是韬奋真诚地为人民大众服务的精神的核心内容。

关于"竭诚为读者服务"这一名言，在《韬奋全集》里类似的话不少，却没有找到原句出处。据北京三联书店前总经理范用先生回忆：这一名言最早见于二十世纪三十年代韬奋创办的生活书店刊登的广告词。那时范用还是一名小读者，但这句话就印在脑子里了。1938 年他逃难到汉口，天天到交通路生活书店门市部去看书（没有钱买书，只能揩油看书），生活书店店员个个亲切接待这位小读者，向他介绍书，同他交朋友。从那时起，范用开始体会到什么是"竭诚为读者服务"（《出版史料》，2003 年第3 期）。曾任香港三联书店总经理的蓝真先生，在《走上"为读者服务"的道路》一文中谈及 1948 年刚合并的香港三联书店的情形时，清晰地回忆道：面对店堂的书架墙上，正中挂着曹辛之画的韬奋油画头像，门口薄薄的玻璃饰柜上写着"竭诚为读者服务"七个黑字（《出版史料》，2008 年第 3 期）。

可见，"竭诚为读者服务"是《生活》周刊赖以成功的要义，也一直是韬奋和他所创立的三联书店奉行的精神信条。

韬奋用他一生的新闻出版实践深刻诠释了这一精神信条。

在《生活》周刊的发展过程中，"竭诚为读者服务"是一个非常具体的实践过程。在我国的新闻出版工作者中，韬奋是较早重视跟群众取得紧密联系，以高度热情投入读者来信工作的。他接手周刊主编后，从第二卷起就设立《读者信箱》，热情、诚恳地为读者解答各种问题。此外，周刊还专门建立"书报代办部"，为读者代购书报和其他物品。

读者的来信当然是五花八门、无奇不有，既有许多现实问题，如：求学问题、家庭问题、婚姻问题、职业问题、社会公平问题，也有非常私人的事情，如：恋爱困惑、交友之道、个人情绪，对父母都难以启齿的事情，却都写信向周刊倾诉求教。对于这些来信，韬奋无不以关切的心情，有针对性地认真作答，给出切实具体的解答和建议。由于《生活》周刊善待读者来信，经常发表读者来信和编辑回信，使得读者们兴趣激增，读者来信从最初每天几十封逐渐增加到几百封，有时一天竟达到一千多封。

开始的时候，是韬奋一个人拆信、选登、答复，乐在其中。他说："做编辑最快乐的一件事就是看读者的来信，尽自己的心力，替读者解决或商讨种种问题，把读者的事看作自己的事，与读者的悲欢离合、甜酸苦辣，打成一片。"（《韬奋全集》第九卷，第721页）韬奋深情地说他答复读者的来信"热情不逊于写情书，一点也不肯马虎，鞠躬尽瘁，写而后已"；还说："我每天要用整个半天来看信，这也是一件极有兴味的工作，因为这就好像天天与许多好友谈话，静心倾听许多读者好友的衷情。"（《韬奋全集》第七卷，第201页）试想，作为一份周刊写编合一的主编，大量文稿等着他发稿付印，竟然还能以如此充沛的热情和乐业敬业的精神对待大量的读者来信，用心善待每一位读者的交流愿望，倘没有一颗竭诚为读者服务的赤子之心，这一切是不可能发生的。

在韬奋的身体力行之下，认真处理读者来信工作，成为《生活》周刊出奇制胜的法宝。读者来信可以用"像雪片一样飞来"来形容。这样一来，纵然一个人用尽自己的全部时间也应付不过来了，而这件事又绝不可以有丝毫懈怠，周刊这才增加了四个人，在韬奋的指导下专门从事这项工作。他们认真处理所有读者来信，选择有价值的来信在刊物上发表并作答。许多来信不可能刊载，他们就一一直接给读者回信，有的信写到数千字之长。如果来信所谈问题比较专业，他们就请教相关专家后再认真回复。读者来信托买东西，他们就开办"书报代办部"，一一代为办理。韬奋记叙道："最有趣的是有的读者有因为夫人要生产，托我们代为物色好的产科医院；有的读者因为吃官司，托我们代为介绍可靠的律师；乃至远在南洋的读者，因为母亲和夫人要买国内的绸缎衣料，也委托我们，代为选购，我们无一事不是尽我们的心力做去，以最诚恳的心情做去。只需于读者有点帮助。我们从来不怕麻烦，不避辛苦，诚心恳意地服务。"（《韬奋全集》第九卷，第698页）有时代办部买的不合要求，还包退包换，直到满意为止。代办部所做的这一切，都是义务的，只是用一些特殊批发折扣的收入作为办理费用。

《生活》周刊服务读者，并非作为公益行为来做，而是把这件事当作出版业的读者工作来做，使之成为办刊整体工作有机的不可或缺的一部分。著名作家夏衍曾经替韬奋总结过，他办刊物的特点是抓"一头一尾"，头就是社论，尾就是"答读者问"。韬奋曾经对夏衍说过：刊物没有社论，等于一个人不讲话；要讲话，那么既不能讲错话，也不该讲得含混不清。至于对读者来信，韬奋花的工夫就更多了。所有来信的原稿都妥为保管，并建立读者来信者档案，以便保持联系。韬奋对给读者的所有回信都要过目，最后郑重签上自己的名字，以示尊重和负责。这样的服务态度，几乎达到了无可挑剔的程度，广大读者对《生活》周刊的信任度日益增加，周刊的发行量连续大幅递增，同时也使得刊物的内容更加贴近社会问题、人民疾苦、世态人生，刊物面貌更加生气勃勃。夏衍感慨道："韬奋看读者来信真可以说'乐此不疲'，常常一直看到深夜。这是什么样的精神？这是名副其实的、永远立足于大众、毕生为大众服务的一个革命的新闻工作者的精神。"（邹嘉骊，《忆韬奋》，第440页，学林出版社，1985）

可以说，在我国现代新闻出版史上，像韬奋这样热爱读者，重视并身体力行做好读者工作，且和读者保持长久真挚友谊的，是没有第二个人可以媲美的。多少年后，韬奋在回顾《生活》周刊和生活书店的经历时，发表过许多感慨。他说："生活书店可以说是服务社会起家的。生活书店的前身是生活周刊社所附设的书报代办部，是完全以对读者尽义务为宗旨的，当时生活周刊社不但为读者代办书籍和报纸而已，其实对于读者的种种需要只要是我们的力量办得到的没有不竭尽心力为他们服务。"（《韬奋全集》第九卷，第 697 页）他还说："由于这种疲而不倦劳而不厌的傻子似的'服务精神'——生活最可宝贵的传统精神之一，生活的读者也就把他视为最可靠的最亲爱的'好朋友'。"（《韬奋全集》第十卷，第 905 页）他总结道："'生活'为什么能得到国内外广大读者这样的爱护和支持呢？说来也很简单，它内部的基础建立在苦干的精神和民主的纪律（上），它外部的基础，除了书刊有着正确丰富的内容外，最重要的是自从生活周刊社成立以来的传统的对于读者竭尽心力的服务精神。"（《韬奋全集》第十卷，第 347 页）"我们的这种服务精神，引起了国内外广大读者群众的深刻同情，于是对于我们文化事业给予非常热烈的赞助。他们对于我们书报特别信任（同时当然也因为我们所出的书报有正确的内容），我们的文化事业便由此一天天向前发展起来，我们现在不但保持我们对于社会的这种传统的服务精神，而且还要尽量发展这种传统的服务精神，由此使我们的文化事业得到更大的开展，由此使我们的工作对于国家民族有更普遍而深刻的贡献。"（《韬奋全集》第九卷，第 698 页）

3. 办一份真正"人民的报纸"

　　韬奋一生总共创办并直接主持过五刊一报一书店，分别是《生活》周刊、《生活星期刊》(原为《生活日报星期增刊》)、《大众生活》周刊、《抗战》三日刊、《全民抗战》三日刊、《生活日报》和生活书店。《生活》周刊发行量十五万份，《大众生活》周刊发行量二十万份，《全民抗战》三日刊发行量三十万份，都创造了同时期全国杂志销量第一的纪录。《生活日报》创造了当时香港报业销量第一的纪录。生活书店在全面抗战开始之后，年度出版图书品种一度居全国出版业第一，鼎盛时期拥有遍布全国的56家分支店。究其原因，最核心的一条就是：韬奋一直坚定地选择站在人民大众的立场上，积极推广主流的大众文化。他坚决反对新闻记者是"无冕之王"的说法。他曾风趣地说："今天的有冕之王是反动派。我们是无冕的老百姓，应当做人民忠实的代言人。"他严格要求自己做一个"要在'新闻记者'这个名词上面加上'永远立于大众立场的'一个形容词"的记者（邹嘉骊，《忆韬奋》，第315页）。他认为大众文化是文化工作的正确方向。他说："大众的伟大的力量是新时代的最最重要的象征"，"这个重要的意义应该运用到大众文化上面去"。他反省道，"中国文化界有个很大的危险，那便是'关门主义'，守着千篇一律的宗派的方式，隔膜的理论，不顾到中国大众的现实需要和忍受的力量，因此把它的影响范围越缩越小，简直和大众不相涉。文化工作是为着少数人干的呢，还是要为着大多数人才干的？我们先要认清这个问题。"（《韬奋全集》第六卷，第333页）韬奋所处的时代正值民族危机日益加深的时期，作为一个忧国忧民的进步知识分子，他深刻地认识到"我们在这样艰危的时代，应该培养大众的伟大的力量，因此我们的文化必须有一个新的动向，必须有一个新时代的新文化运动……这个新文化必然地是大众文化；大众文化的基本条件是要大众化，是要不忘却大众，是要切合于大众的真正需要，是要能培养大众的伟大的力量，是要能适合于大众的受性。"（《韬奋全集》第六卷，第651页）

正因为韬奋一直坚定地选择站在大众的立场上，积极推广大众文化，"竭诚为读者服务"的服务态度在韬奋的事业中才有了内在动力和努力方向。

1935年，韬奋在国外度过了两年多的流亡生活，回到上海，再次全身心地投入为人民大众办报办刊、抗日救亡的事业中。由于《生活》周刊已被当局封禁，1935年11月韬奋又创办了《大众生活》周刊。在《大众生活》周刊的发刊词中，韬奋写道："中国大众的唯一生路是在力求民族解放的实现，从侵略者的剥削压迫中解放出来。这是中国大众的生死问题，也是我们所要特别注意的重要目标。"（《韬奋全集》第六卷，第493页）韬奋用《大众生活》周刊更加明确地宣示刊物的大众性质。《大众生活》周刊继承了《生活》周刊的优良传统，竭诚为大众读者服务，甚至站在更高的时代制高点上，胸襟、视野、格局更为广大。它的"星期评坛"就是原来《生活》的"小言论"，甚至比以前更加贴近形势和现实，更富有针对性和穿透力，更加受到读者喜欢。它的"图画的世界"栏目，用精绘的世界地图和生动的漫画，反映世界动态，颇具新意，堪称中国出版界较早的一个创新。

韬奋办《大众生活》周刊，一如既往地坚持竭诚为读者服务、认真处理读者来信的原则，但又有了更高远的追求。他在答复一位读者来信时，明确表示："倘若诸友认为《生活》在当时对于社会不无一点点的贡献，我觉得大概是因为它的愚诚，是在能反映着当时社会大众的公意，始终不投降于黑暗的势力，始终坚持地不肯出卖社会大众给它的信用。关于这一点，我们还是要坚持到底的。但是时代的巨轮是向前进的，《大众生活》产生的时代和《生活》所处的时代已经不同了……我们不但希望它能避免《生活》的缺点，保留《生活》的优点——倘若有一些些的话——而且要比《生活》前进。"他所说的"要比《生活》前进"，就是要从《生活》周刊时期对"人生修养"的关心前进到"不应以个人主义为出发点，却要注意到社会性；是前进的，不是保守的；是奋斗的，不是屈服的；是要以集团一分子的立场，共同努力来创造新的社会，不是替旧的社会苟延残喘。"（《韬奋全集》第六卷，第 564 页）这就是说，韬奋对于竭诚为读者服务的精神的理解和践行，已经上升到紧贴时代脉搏、站在"中国民众的立场"的高度，使《大众生活》从一创刊就体现出了不同凡响甚至也不同《生活》的更大境界，受到读者更为热烈的欢迎，期发量达到十五万份，后来上升到二十万份，打破了《生活》周刊的纪录，创造了中国杂志发行的新纪录。

《大众生活》由于其鲜明的大众立场和强烈的爱国主义精神，在受到广大读者欢迎的同时，又遭到查禁，只延续了短短三个月，被当局以"鼓动学潮"，毁谤政府"的罪名勒令停刊。韬奋被迫再度离开上海，去了香港。

在香港，韬奋开始筹办《生活日报》。办一份适合人民大众需要的报纸，一直是韬奋脑际"梦回已久"的心愿。

早在 1932 年，韬奋感觉到只办《生活》周刊不能适应急剧变化的形势和抗日救亡运动的需要，就有了创办《生活日报》的想法。从那时起，韬奋就把大量精力投入了《生活日报》的筹办事务中。为了阐述创办《生活日报》的意义，说明相关问题，他在《生活》周刊上先后发表了十四篇文章。在文章中他表示，"我希望《生活日报》成为真正'人民的报纸'"，"言论要完全做人民的喉舌，新闻要完全做人民的耳目"，"我们要设法使大多数的中国人，都做《生活日版》的股东。"（《韬奋全集》第六卷，第 682 页）经过十个多月的努力，韬奋从社会各界特别是广大读者那里完成了筹款计划，正当正式启动报纸开办工作的关键时刻，当局施加了巨大压力予以阻挠，无奈之下，韬奋只好宣告停办退款。

韬奋筹办真正"人民的报纸"的想法，尽管在当时具有很大的理想成分，但他一心为人民大众做好新闻出版工作，百折不挠的精神却是非常感人的。1936 年，韬奋在香港重新筹办《生活日报》。当时条件极其艰苦，连办报的款项都是韬奋托朋友辗转筹借来的。由于经济条件所限，报社只能设在贫民窟里，在一条连汽车都开不进去的小街里，只有三个房间。房屋逼仄，斜对面小铁店的煤烟常常溜进来，空气中布满灰尘，使人几乎窒息。但韬奋的精神和他的事业依然吸引了许多志同道合的朋友前来合作，胡愈之、金仲华、王纪元、柳湜等具有丰富经验的著名编辑记者都被韬奋请到香港来，与他并肩创业。他们创办的《生活日报》以

"努力促进民族解放，积极推广大众文化"为宗旨，践行着韬奋创办"真正'人民的报纸'"的信念。对于国内外发生的重要事件，报纸都有及时的报道和鲜明正确的观点。韬奋亲自撰写大量文章，坦率表明自己的观点和立场，深受社会各界的欢迎，报纸订户遍及国内各地和东南亚一带，每日销售两万份，比当地销量最大的报纸多三倍，在抗日救亡运动中起到了有力的推动作用。

在香港，韬奋不仅创办了《生活日报》，还同时创办了《生活日报星期增刊》。韬奋的《生活》周刊情结难以磨灭，他说："星期刊就是周刊，所以采用这样累赘的名称，因为《生活》周刊已被封禁，改用另一个名词，在内地发行才不受阻碍。"

《生活日报》在香港出版了五十五天，因为抗日救亡工作的需要，韬奋再次回到上海，计划将报纸从香港迁回上海。但由于当局的阻挠，终于未能在上海如愿复刊。韬奋一生中办一份真正"人民的报纸"的愿望又一次受阻。此后，韬奋再也没有机会实现这一愿望，这成为他终生的憾事。

虽然《生活日报》在上海复刊无望，韬奋并不曾因此有片刻的懈怠。他迅速把《生活日报星期增刊》改名为《生活星期刊》，在上海复刊并继续担任主编。刊物坚持倡导停止内战、联合抗日、建立民族统一战线，成为韬奋站在人民大众立场、积极推广大众文化的重要阵地。刊物还大篇幅地报道鲁迅的逝世，充分表达对鲁迅的悼念与敬意，并声援上海工人和绥远前线的抗日斗争，在上海广大读者心中不断掀起爱国、进步的热潮。随着著名的"七君子事件"的发生，韬奋与沈钧儒、李公朴、沙千里、史良、章乃器、王造时等七位救国会的领袖遭到国民党政府逮捕监禁，生机勃勃的《生活星期刊》同时被迫终刊。这份刊物在上海历时只三个月，出了十七期，却给上海读者留下长久的怀念。

4. 服务之彻底精神

许多与韬奋一起工作过的新闻记者和出版人，最为敬重的是韬奋"永远立于大众立场"，最为感动的是韬奋为大众"服务之彻底精神"。

秉持为大众"服务之彻底精神"，韬奋在几十年的奋斗生涯里，处处为事业和读者着想，自己一家却过着淡泊清贫的生活。《生活》周刊随着发行量的增加，经济实力得到加强。当时社会上一些别有用心的人就造谣，说是刊物的老板发了大财，已经造起了大洋房，娶了姨太太。可实际情况却是韬奋在勤奋办刊的同时，从来不为自己谋私利。他的工资甚至比接办《生活》周刊前还少了几十元。当时的《生活》周刊，主要由韬奋化成各种笔名来写作发表文章，有时几乎整本刊物都出自他的一支笔，可他在自己刊物上发表的文章从来就不拿稿费。刊物获得盈余后，也都用在发展事业上，并主动让利给读者。刊物需要增加页码，增加画页，发行增刊，都坚持一般情况下不提高刊物定价。遇到物价飞涨、纸价暴涨、成本剧增，刊物还是尽量不提价，而是扩大广告的收入来弥补亏空。后来，《生活》周刊被当局禁邮禁运，收入锐减，韬奋宁可带头每月减薪五十元，也坚持不让提高刊物的售价。其实，韬奋自己的经济状况一直是比较窘迫的，他的太太常常为家里经济困难发愁。在重庆、香港，他们的住处只有两间斗室，一家五口很勉强才能挤得下。说这样一位拥有生活书店那么大规模的事业的主要人物，一位文章满天下的名记者、名作家，一向过的竟是如此清贫的生活，谁能相信？然而，正因为他甘于过这样一种淡泊清贫的生活，才"富贵不能淫，威武不能屈"，坚定地站在大众的立场，宁愿让《生活》周刊、《大众生活》周刊等被封禁，也不肯屈服于黑暗势力，宁可生活书店的分店一个个被查封，也绝不答应与逼迫他联合的权贵合作，真正践行了为大众"服务之彻底精神"。

秉持"服务之彻底精神"，韬奋在编辑出版工作和写作上，一直坚持一丝不苟的认真态度。他始终坚持"聚精会神"研究回应读者的期待，研究解答读者所提出的问题。他这样来回忆自己呕心沥血的编辑工作："每期的小言论，虽仅仅数百字，却是我每周最费心血的一篇。每次必尽我心力就一般读者所认为最该说几句话的事情，发表我的意见。这一栏也最受读者的注意，后来有许多读者来信说，他们每遇到社会上发生一个轰动的事件或问题，就期待着这一栏的文字。其次是信箱里解答的文字，也是我所聚精会神的一种工作。"（三联书店，《韬奋》，第 187 页）

他一直都在倡导出版物内容"有趣味有价值"。他说："我接办之后，变换内容，注重短小精悍的评论和'有趣味有价值'的材料，并在信箱一栏讨论读者所提出的种种问题。对于编制方式的新颖和相片插图的动目，也很注意。所谓'有趣味有价值'，是当时《生活》周刊最注重的一个标语。空论是最没有趣味的，'雅俗共赏'的是有趣味的事实。（三联书店，《韬奋》，第 186 页）

在编校质量上，他坚持要一丝不苟。他说："我的工作当然偏重于编辑和著述方面。我不愿有一字或一句为我所不懂的，或为我所觉得不称心的，就随便付排。校样也完全由我一人看，看校样时的聚精会神，就和在写作的时候一样，因为我的目的要使它没有一个错字；一个错字都没有，在实际上也许做不到，但是我总是要以此为鹄的，至少能使它的错字极少。每期校样要看三次。有的时候，简直不仅是校，竟是重新修正了一下。"（三联书店，《韬奋》，第190页）

正因为有着"服务之彻底精神"，韬奋才可能不辞辛劳、不计利益、"聚精会神"地投入到新闻出版工作和写作中来；也正因为他能够"聚精会神"地做出努力，才有可能成为受到广大读者爱戴、信任的新闻记者、出版家、政论家。

秉持"服务之彻底精神"，韬奋在编辑工作和写作上一直保持着"明显畅快"的文风。接手《生活》周刊后不久，他就宣布这份刊物文风的方针是力避"诘屈聱牙"的贵族化文字，努力采用"明显畅快"的平民化文字。他希望读者逢星期日收到这一份短小精悍的刊物，展阅一遍，好像听一位好朋友谈谈天，不但是有趣味，而且是有价值的谈天。倘若有问题要商榷的时候，握起笔来写几行给这个周刊，也许周刊可以给你一些参考的意见，好像和一位好朋友商量。他的理想目标就是与读者做成好朋友。所以，他对于与读者谈心交流的文章备加小心。他坦诚地写道："写文章的人不要以为读者是易欺的，读者不都是瞎子聋子，他们也有听到正确事实和公平判断的机会，他们自己也有根据正确事实，引申公平判断的能力。所以惯于下笔胡说八道的人固然引不起读者的信任，即使平日持论比较公平，被人视为社论能手的先生们，一旦写了违心之论，或有意歪曲事实的文章也仍然要引起读者的不满以至愤怒。"（《韬奋全集》第十卷，第44页）

对于韬奋所坚持的文风，他的亲密战友、著名新闻出版家、新中国首任国家出版总署署长胡愈之做过相当深刻的评价："由于他是为大众的，从大众学习的，说的是大众的话，所以他从不无病呻吟，亦绝不无的放矢。由于他的热情奔放，他的文章，自然丰润富裕，绝不至于像个小瘪三。""我以为韬奋拥有广大的读者群，有对最普通的群众的影响，诀窍就在于永远为大众，向大众学习，站在大众前头，而不脱离大众。如果这是大众化，韬奋是做到真正的大众化了。"（邹嘉骊，《忆韬奋》，第154页）

5. 小结之一

对于韬奋精神，毛泽东同志曾经有过一个精辟的概括，那是1944年11月，在延安举行的追悼韬奋先生的大会上，毛泽东同志所作的题词是："热爱人民，真诚地为人民服务，鞠躬尽瘁，死而后已，这就是邹韬奋先生的精神，这就是他之所以感动人的地方。"这一题词一直以来被一致认为是对韬奋精神核心内容最为精辟的概括。

由于一以贯之地坚持真诚地为人民服务的精神，韬奋才可能把一份发行量原先只有两千多份，题材单一、内容单薄的职业教育指导刊物改造成为一份服务社会、指导青年、传播新知、主持正义的畅销名刊。由于一以贯之地坚持真诚地为人民服务的精神，韬奋才可能百折不挠、锲而不舍，竭尽全力创办了一份又一份称得上大众喉舌的报刊，成功创办了一家现代出版史上拥有分支店数量最多的出版发行机构。韬奋身处阶级矛盾和民族危机日益加深的历史时期，他忧国忧民，追求进步，一心为大众。他坚信进步的新闻出版业可以为培养大众伟大的力量，创造一个新时代的精神发挥独特的作用，因而其一生的新闻出版活动和政论写作都与大众紧密联系。他急大众之所急，想大众之所想，努力为大众代言，竭诚为大众服务，受到了大众的喜爱。

要办好新闻出版事业，必须具有自觉、主动的服务精神；而要办好进步的新闻出版业，则必然要具有自觉、主动为大众服务的精神。韬奋所提倡的"竭诚为读者服务"的态度，表明他为大众服务是自觉的、主动的。他聚精会神勤奋工作的精神，一丝不苟认真工作的态度，以及他坚持明白晓畅的文风，说明他"永远立于大众立场"和"竭诚为读者服务"是发自内心的人生理想，是真诚的，而绝非一种事业的谋略和社会活动中的作秀。

新闻出版人要真正做到为大众，不仅要一以贯之，锲而不舍，不仅要发自内心，而不是作秀，还要有主持正义的坚定节操，具有能够真正体察民情，知民病痛，实事求是，为民代言的能力，这是要付出很大的努力的。

除上述种种要求之外，作为一个新闻出版业的领军人物，还要具有令身边更多同事和文化界更多朋友一致称颂的清正廉洁的高尚品格。韬奋正是这样的领军人物。他曾一再表示："新闻记者的活动，尤其重要的是要有正确的动机；再说得具体些，便是要为社会大众的福利而劳动，而不要为自己的私图而活动。我所敬重的朋友都是有事业的兴趣，而没有个人的野心。有事业的兴趣才会埋头苦干而仍津津有味，乐此不疲；没有个人的野心才不致利用事业上所得到的社会信用做自己升官发财乃至种种私图的阶石。"（穆欣，《邹韬奋》，第55页，首都师范大学出版社，1995）由此可见，韬奋至为强调的首先是从事新闻出版事业的动机，认为只有动机正确才可能"为社会大众的福利而劳动"。韬奋本人正是因为有了强烈的"为社会大众的福利而劳动"的动机，才可能提出"服务之彻底精神"的要求。在"服务之彻底精神"方面，韬奋一直是身体力行的，不仅不在事业中谋取个人私利，甚至，为了事业他宁愿牺牲自己个人利益。他安于淡泊清贫的生活，从不计较个人报酬，总是在忘我地工作，乐此不疲。他在自述中这样表白："回想我和几位'患难同事'开始为文化事业努力到现在，我们的确只是以有机会为社会干些有意义的事为快慰，从没有想要从这里面取得什么个人的私利。"他还说："我和一班共同努力于文化事业的朋友们，苦干了十几年，大家还是靠薪水糊口养家。我们并不觉得什么不满意，我们的兴趣都在文化事业的本身。像我这样苦干了十几年，所以能得到许多朋友们不顾艰难地共同努力，所以能够始终得到许多共同努力的朋友们的信任，最大的原因还是因为我始终未曾为着自己打算，始终未曾梦想替自己刮一些什么。"毫无疑问，像韬奋这样一个真心"为社会大众的福利而劳动"的人，真正践行"服务之彻底精神"的人，一个为大众利益作着最大牺牲的人，无论处在任何时代任何地方，都将会受到人民永远的敬重和爱戴。

第二讲

爱祖国

"九一八"事变后,《生活》周刊号召读者为抗日部队捐款。

1936年11月22日，邹韬奋与沈钧儒、李公朴、沙千里、章乃器、王造时、史良等全国各界救国联合会负责人因宣传抗日救亡被国民党当局逮捕，史称"七君子事件"。

遥家河山

痛念国难家亡追悔言求悔

私仇旧还与谅

韬奋书于苏州看守所

卅年首夏

韬奋在狱中的题词。

1. "九一八"事变强烈发声的周刊

　　永远立于人民大众立场的韬奋先生，必定也会永远热爱自己的国家和民族。早在"九一八"事变以前，韬奋就一再在《生活》周刊上揭露日本帝国主义的暴行，指出日本侵略中国的狼子野心，发出捍卫国权的呼吁。1931 年 5 月，日本军阀制造了枪击中国农民的"万宝山事件"以及屠杀旅朝华侨的事件，韬奋获悉后即在《生活》周刊上予以揭露，并大声疾呼："全国上下应有彻底的觉悟，应具有世界的眼光，勿彼此闭着眼睛终日钻在牛角尖里，专做鸡虫之争，何殊自寻短见？一旦大祸临头，噬脐无及，愿在未做亡国奴之前，为全国上下涕泣道之。"（《韬奋全集》第三卷，第 633 页）

　　"九一八"事变前夕，中华民族已经嗅得到日本帝国主义发动侵华战争的腥风血雨。国难当头，韬奋忧心如焚，他撰文指出："万宝山即朝鲜排华惨案，实为日本积极侵略中国的一部分表现，我们中国人欲保其民族的生存，不可仅视为一时一地的事情，当对日本有组织的有计划的狼鸷野心，作彻底的认识……我们如不能拯救满蒙，即不能拯救中华民族；不能拯救东北的三千万同胞，即不能拯救全民族的四万万同胞！我们切不可再醉

生梦死了，应视此为全民族的生死关头。"（《韬奋全集》第五卷，第 7 页）

《生活》周刊在"九一八"事变前就充满了爱国主义的内容，"九一八"事变发生后，则必然会成为强烈发声的周刊。

事变后出版的第一期周刊，即 9 月 26 日刊，就发表了关于事变的报道和评论。韬奋在报道中充满悲愤地写道："本周要闻，是全国一致伤心悲痛的国难，记者忍痛执笔记述，盖不知是血是泪！"

《生活》周刊的"小言论"素来最受读者关注。为了"九一八"事变，韬奋一口气写了《应该彻底明了国难的真相》《唯一可能的民众实力》《一致的严厉监督》《对全国学生贡献的一点意见》等四篇"小言论"。这些"小言论"成为当时读者口口相传的热门话题。周刊对"九一八"事变做了系列报道，揭露日本军队在沈阳、长春等地烧杀抢掠的滔天罪行，并在《伤心惨目》的大标题下加上"刻骨铭心！没齿不忘！"的副标题。在文末，韬奋奋笔疾书："全国同胞！永远勿忘东北同胞的哭声惨呼！"

《生活》周刊以强烈的爱国激情和担当精神，针对蒋介石国民党政府居然奉行妥协投降的"不抵抗"政策，连续发声，振聋发聩。这些言论单看题目就令人感到正义凛然：《宁死不屈的保护国权》《宁死不屈的抗日运动》《宁死不屈的准备应战》《决死之心和怯懦自杀之区别》《战与不战的问题》《应有牺牲的决心和奋斗的计划》……韬奋在文中怒斥"不抵抗主义"。他悲愤地写道："国难至此而尚不作应战的准备，更为全世界最无耻的民族。"他号召抗战："不战而死，不如战而死，全国死战皆亡，胜于忄心忄兄忄兄做亡国奴；况且真能全国死战抗战，或许于一部分之牺牲外，尚得死里求生。""保护国权，须全国人人有决死之心；抗日运动，须全国人人有决死之心；准备应战，亦须全国人人有决死之心；故人人有决死之心，实为救国的首要条件。"（《韬奋全集》第五卷，第65页）

《生活》周刊强烈的爱国热情和激烈的抗日态度获得了广大读者的拥护。特别是周刊对于因事变而兴起的学生爱国示威游行表示坚决支持，旗帜鲜明地站在青年学生一边，得到广大学生的拥护和爱戴。不少学生给周刊写信甚至来拜访韬奋，一起商讨抗日救亡的大事。《生活》周刊的声名大振，发行量陡增。

韬奋具有不可抑制的爱国热情。他主编的报刊，一直以爱国主义为自己永远不倒的旗帜。每当国有大事，他的报刊必定挺身而出，旗帜鲜明地走在爱国战线的前列，为祖国而战，为人民而战，奋勇向前，义无反顾，做出了新闻出版工作者的巨大贡献。

1932年1月28日，日本帝国主义发动了对上海的入侵。驻扎在上海的国民革命第十九路军奋勇抗击。淞沪"一·二八"抗战爆发。《生活》周刊奋起声援十九路军。1月29日，周刊一天中出版两次《紧急号外》，竭力"唤起民众注意，共赴国难"。1月30日，韬奋在周刊的《紧急临时增刊》上撰文指出："日人此次为有计划之毁我国家民族，已暴露无遗。国果亡，族果灭，则国人之福利，家族之安宁，何所希冀？""时势虽极危急，我们只有向前奋斗，至死不懈，不必恐慌，亦无所用其悲观；我们要深切明白只须我们能奋斗，能奋斗至死不懈，我们最后的胜利实在我们手中，任何强暴不能加以丝毫的改变。我们应利用这种空前的患难，唤醒我们垂死的民族灵魂，携手迈进，前仆后继，拯救我们的国族，复兴我们的国族。"为此，他向上海全市同胞呼吁："故我们应有财者输财，有力者努力，慰劳我前方义军，协助我前方义军。""我们的救国义军既忠勇奋发以赴国难，我们国民应全体动员以作后盾，庶几军心增壮，战力增烈。商界罢市已为一种表示，各界均应速有秘密之有力组织，各尽能力所及，分途并进。""若再麻木不仁，隔岸观火，则自降于劣等民族，灭亡乃其应得之结果了！""我们应利用这种空前的患难，唤醒我们垂死的民族灵魂，携手迈进，前赴后继，拯救我们的国家，复兴我们的国族。"（《韬奋全集》第四卷，第12—13页）

在淞沪"一·二八"抗战期间，韬奋像是一门火炮，把所有的怒火喷向侵略者，又像一只上足了发条的时钟，每时每刻都在为着国难发出紧急的铃声。他为声援抗战将士而奋笔疾书，为召唤全国人民支援淞沪抗战而加班出版增刊。2月2日，《生活》周刊《紧急临时增刊》第3号发表了韬奋的《沪案与整个的国难问题》，严正驳斥日本人所谓"沪案与东北无关，只是上海的地方问题"的谬论，指出，"所以要根本解决沪案，非与整个的中日问题连同解决不可"（《韬奋全集》第四卷，第17页）。显示出他坚定的爱国立场和日见深刻成熟的政治洞察力。他还亲自撰写长篇通讯《上海血战抗日记》，配上详细的战区地图和血战抗日的照片，在周刊上连载发表，并出版了单行本，让外地读者特别是海外读者及时了解"十九路军血战抗日之忠勇悲壮行为"。韬奋还和鲁迅等四十三人联名发表《上海文化界告全世界书》。其后又把四十三人扩大到一百二十九位，发表了《为抗议日军进攻上海屠杀民众宣言》。

1935 年 12 月 9 日，为了反对国民党政府接受日本关于华北政权"特殊化"的要求，为了反对成立日本扶持的冀察政务委员会，北平学生掀起了声势浩大的"一二·九"运动。韬奋立刻带领《大众生活》周刊予以热烈支持和大力宣传。从 12 月 21 日出版的第六期起，《大众生活》连续几期都刊登了声援运动的文章。在第六期封面上刊登的北平一位女大学生手拿喇叭筒大声疾呼"大众起来"的大幅照片，使得广大读者受到极大震撼。第七期则更是几乎成了"一二·九"运动专号，从封面到封底，基本上都是关于运动的图文。第八、第九期以及此后的许多期，一直在为"一二·九"运动呐喊，义无反顾地坚定站在爱国学生一边，怒斥反动当局和军警对爱国学生的阻挠和迫害。

"一二·九"运动期间，韬奋以充沛的激情，先后发表了《学生救亡运动》《再接再厉的学生救亡运动》《学生救亡运动与民族解放联合战线》等具有很高政治水准和理论水准的文章，为学生的爱国运动鼓与呼。他写道："民众运动在民族解放斗争中占有非常重要的位置，学生救亡运动却在民众运动中占着一个很重要的部分。尤其是在民众运动消沉的时候，学生救亡运动是大范围的民众运动的酵母，是大范围的民众运动的先驱，它的重要是在全国大众的全盘努力里面有着一种非常有意义的推动作用。"学生救亡运动，"至少使全世界知道中国大众并不是甘心做奴隶；至少使全世界知道投降屈辱，毫不知耻，并不是出于中国大众的意思。这是中国民族解放斗争的序幕，这是中国大众为民族争生存不怕任何牺牲的先声"（《韬奋全集》第六卷，第 508 页）。他还为学生运动提供建议。他建议爱国学生要"注意'联合战线'原则的运用"；要"以诚恳的态度说服大多数的已有觉悟而仍不免中立或踌躇的分子，也来积极参加，在民族解放运动的大目标下，扩大并巩固'联合战线'"。他指出："全国学生在民族解放斗争的大目标下，结成学生的联合战线；全国人民也在民族解放斗争的大目标下，响应学生救亡运动而结成全国救亡的联合战线。必须有这样整个的斗争力量，向着这个明确的大目标携手迈进，才能拯救这个危亡的国家，才能自拔于奴隶的惨祸。"（《韬奋全集》第六卷，第514页）韬奋的这些建议可谓审时度势、高屋建瓴，标志着他正在由一位朴素真诚的爱国知识分子成长为一位干练睿智的爱国知识分子的领袖人物。

2. 轰动全国的三件大事

韬奋先后主持的《生活》周刊、《大众生活》周刊等刊物，不仅以敏锐的政治敏感、坚定的大众立场、博大的人文情怀、明白畅快的朴实文风以及生动活泼的艺术设计风格，获得越来越多读者的喜爱，还以自觉的社会责任感，在国家、社会重大事件中的敢于担当、勇于奉献，受到全社会的敬重和拥护。这是其他同类刊物难以企及之处。

韬奋主持的刊物除了经常有文章引起程度不同的轰动之外，还有过三件大事轰动全国。

第一件大事是为支援奋勇抗日的东北军马占山部组织捐款。

"九一八"事变后，日军占领辽宁、吉林，正当长驱直入黑龙江之际，驻守黑龙江的东北军马占山将军向全国发出通电，发誓："大难当前，国将不国，惟有淬砺所部，誓死力抗，一切牺牲，在所不惜。"这一抗敌卫国的义举与二十多万东北军撤回关内的行动形成极大反差。一时之间，凡爱国者无不为之激情欢呼。韬奋于 11 月 21 日的《生活》周刊"小言论"中指出："马将军卫国抗敌的精神，不但足以争回国家民族的人格，而且足以换回全国民众的忠魂。"马占山曾经发誓，只要"一口气尚存，绝不将国土拱手让人，军队完了，到黑东荒练民团再干"。韬奋深为感动，认为："这种只知有国家民族而置个人生死祸福成败于不顾的大无畏精神，倘能全国一致如此，谁能动我分毫？"（《韬奋全集》第五卷，第 82 页）韬奋决定由《生活》周刊发起组织全国性捐款活动，支援东北军马占山部奋勇抗日。

韬奋发表在《生活》周刊上的筹款启事中写道："马占山将军率其卫国健儿，奋勇抗敌，为民族死争一线生机，全国感泣，人心振奋，惟孤军远悬，有饷尽援绝之虞，调军援驰，责在政府，竭诚助饷，义在国民，本社特发起筹款援助。"他接着通告《生活》周刊最初组织的捐款详情："敬先尽其愚诚，绵力捐助百元，并已承下列各机关及同志热诚赞助，共凑集银四万四千六百六十六元四角四分，由中国、交通两银行义务电汇，妥交马将军亲收，尚希同胞慷慨捐输，共救国难，倘蒙赐交敝社，汇集电汇，并当在敝刊公布，以资提倡而唤起垂死之民族精神。"（《韬奋全集》第七卷，第 208 页）启事列出了最初捐款机构、人员和数额，并表示以后所有捐款者和汇出数额都会在周刊刊出。

韬奋拟就的这个启事还刊登在《申报》和《时事新报》上。

这一义举，顿时轰动全国，社会各界纷纷响应。未出一个月，就收到捐款十二万零二十元。一时之间，《生活》周刊杂志社的门口挤满了男女老幼各种热心读者，捐款者络绎不绝，人们争着把钞票、钢镚、外币甚至铜板，纷纷交进去，甚至一些孩童都挤在人群里慷慨捐款。《生活》周刊十几个同事，从未有过这般激动兴奋，他们全体动员，收钱的收钱，记账的记账，打算盘的打算盘，忙得喘不过气来。每天他们都要把捐款人姓名和数额造好册表赶着安排到周刊上登出广告。为了把人民大众的捐款尽快送到前线将士手中，为了把这项捐款工作做得无可挑剔，周刊特地印制了《征信录》公布分寄每一位捐户，收据也制版公布。总账目由潘序伦会计师查核无误后，给予证明书公布。由此也可见出韬奋尽职尽责、一丝不苟的工作态度。

韬奋深情地回忆道："其中一位'粤东女子'特捐所得遗产二万五千元，亲交我收转。这样爱国的热忱和信任我们的深挚，使我们得到很深的感动。""其中往往有卖菜的小贩和挑担的村夫，在柜台上伸手交着几只角子或几块大洋，使人看着发生深深的感动，永不能忘记的深深的感动！"（三联书店，《韬奋》，第199页）

可以说，韬奋率领《生活》周刊组织捐款、共赴国难的义举感动了全国的人民大众，而人民大众慷慨捐款的爱国激情又感动了韬奋和《生活》周刊的同仁，提振了他们的信心。自此，韬奋和他的同仁更加认定了人民大众的立场，更加坚定地走上为国奉献、为国尽忠的爱国主义道路。

第二件大事是筹办"生活伤病医院"。

在淞沪"一·二八"抗战中，韬奋率领《生活》周刊与上海军民同呼吸、共命运，日夜出增刊，竭力"唤起民众注意，共赴国难"。战斗打响后，韬奋曾亲自护送七名伤员到上海同仁医院。他看到医院床位过少，有些伤兵只能住在过道里，又听到医生诉说医院的种种困难：人员过于紧张，医护工作跟不上，不能迅速减轻伤兵的痛苦。韬奋是一位十分重感情的人，所见所闻，让他顿时泪流满面，久久不能平静，当即决心筹办伤兵医院。

韬奋在第一时间选择了医院院长，一位品德和业务均属一流的医学博士。韬奋和院长两人一起为筹办医院奔走交涉，很快就在沪西梵王渡青年会中学找到了地方，校长非常乐意清理出两幢洋房。那是一片建筑讲究、清洁幽静的院落，作为伤兵医院用房非常合适。韬奋在报上刊登"生活伤兵医院"救护第十九路军伤病员的招聘启事后，许多有志青年前往报考，一时从者如云。五十多年后，一位被伤兵医院录用的护士回忆道："当时没有别的想法，就是爱国。那天光报考的就有六七百人，而实际录用的只有二十多人，都是年轻人。院领导与战伤外科医师均为医务界有名望的医师、博士与圣约翰大学的医科大学生。"（《日寇炸弹终身难忘》，《文汇报》1995年8月16日）《生活》周刊的英勇善举得到读者们的热情支持，一些热心读者主动捐助了六千元。1932年3月4日，"生活伤兵医院"正式开院。

一个杂志社，为了社会的需要，不计任何利益，创办一家公益医院，在中外杂志史上都是罕见的事情。一个杂志社，在国家危难之际特别是战争期间，倾力奉献，创办一家伤兵医院，在中外杂志史上更可谓迄今仅见。在前线浴血奋战的十九路军将士得知此事后深受鼓舞，深怀感激。蔡廷锴军长于医院开院之日特致电祝贺。他说："为救国保种而抵抗，虽牺牲至一人一弹，绝不退缩，此心此志，质天日而昭世界，炎黄祖宗在天之灵，以此祝贺伤病医院开院典礼！"接到这个充满昂扬斗志的电话，韬奋充满激情地回答道："十九路军将领以尽天职，是给我伤兵医院开院最珍贵的贺礼！"（《韬奋全集》第四卷，第49页）

生活伤兵医院开院那天，韬奋还同医院院长一起，穿上医生的白衣白帽，到病房看望、抚慰受伤将士。

因为国民党政府拒不增援，第十九路军寡不敌众，腹背受敌，被迫全线撤退，淞沪"一·二八"抗战终于以国民党政府当局与日本签订屈辱的《淞沪停战协定》而令人悲愤地夭折。然而，第十九路军英勇抗敌的光荣事迹却永载史册。韬奋在战争中书写的激动人心的抗敌文章和开办的"生活伤兵医院"，也被广大爱国者永远铭记。

第三件大事是援助"一二·九"运动中的北平爱国学生。

1935年12月9日，北平爱国学生和知识分子掀起了抗日救国运动，这就是著名的"一二·九"运动。运动发生后，远在上海的《大众生活》周刊竟然成为全国最为及时给予热烈支持和大力宣传的杂志。当时这份杂志的编印质量都是远非几年前的《生活》周刊可比。杂志发表了两张非常经典的照片，分别刊登在封面和封底上。封面是一位女学生的半身像，她右手执简陋的大号话筒，左手捏一页纸正在激情演说；封底则是从背面的角度拍下的同一场景，她面前是人头攒动的群众，不远处是高耸的城墙、森严紧闭的城门。这两张照片记录的场景，就是"一二·九"当天被阻于西直门外的清华、燕京等高校的学生就地举行群众大会的实况。韬奋在封面上加了"大众起来！"的口号，愈发激动人心。那位女学生、清华大学的陆璀，是学生领袖之一，后来成为中国共产党著名的妇女干部。

韬奋除了在周刊上连续发表报道和评论，还做出了谁都没有想到过的一个决定，那就是：每期刊物出刊，第一时间寄送给北平学生联合会几千份，由他们到各校出售，大部分收入留给学联作为活动经费。在"一二·九"运动中，《大众生活》给予了北平爱国学生们巨大的精神支持、舆论声援，还提供了经费帮助，因而受到了北平乃至全国爱国学生们的热爱和拥护。在整个"一二·九"运动期间，《大众生活》周刊几乎成了爱国学生们的"机关刊"。韬奋在《大众生活》上撰文热烈声援和支持"一二·九"运动："参加救亡运动的男女青年同胞们！你们的呼号声，是全国大众心坎里所要大声疾呼的呼号声！你们的愤怒的表现，是全国大众所要表现的愤怒！你们紧挽着臂膀冲过大刀枪刺的英勇行为，是全国大众所要洒热血抛头颅为民族解放牺牲一切的象征！记者为着民族解放的前途，要对你们这先锋队顶礼膜拜，致最诚挚的无上敬礼！"这铿锵有力的诗一般的语言，倘若作者胸中没有满腔沸腾的热血，是断然写不出来的。这一时期，《大众生活》每期内容几乎完全是反映全国学生救亡抗日运动的。韬奋坦承自己完全无保留地投入了这场斗争，他自己说："我的工作，我的经历，我的思想，我的感触，好像正在紧接着开演的电影，紧张得使我透不过气来！"（邹嘉骊，《忆韬奋》，第83页）正是由于《大众生活》站在救亡运动的前面，反映了人民大众的爱国要求，刊物的销售数量竟然飙升到二十万册。

自 1931 年"九一八"事变起，到 1935 年"一二·九"运动，数年间韬奋一直站在抗日救国历次斗争的第一线，深受社会各界人士的钦佩，成为一位卓具影响力的积极抗日救国的社会活动家。1935 年 12 月 2 日，邹韬奋与马相伯、王造时、沈钧儒、李公朴、章乃器、陶行知、周建人、张仲实、沈兹九、曹聚仁、郑振铎、钱俊瑞、谢六逸、薛暮桥等二百八十多人联名发表《救国运动宣言》，旋即成立上海文化界救国会。1936 年 1 月 28 日，上海各界救国联合会也宣告成立。5 月 31 日至 6 月 1 日，在上海举行全国各界救国联合会成立大会。大会选举宋庆龄、何香凝、马相伯、邹韬奋等四十多人为执行委员，7 月 15 日，沈钧儒、章乃器、陶行知、邹韬奋联名发表题为《团结御侮的基本条件与最低要求》的"告全国同胞书"，全面阐述了救国会的立场，表示赞同中国共产党提出的停止内战、一致抗日的主张，要求国民党改变"先安内后攘外"的方针，联合红军，共同抗日。救国会的号召产生了很大的影响。华北、西北、华南等地区以至旅居欧美、东南亚的华侨，相继成立了各界救国联合会。据估计，到 1936 年底，全国救国会会员达数十万人。为此，毛泽东致函章乃器、陶行知、邹韬奋、沈钧儒，代表中国共产党对全国各界救国联合会给予高度评价并表示无限的敬意。

3. 轰动中外的"七君子事件"

1936 年 11 月 23 日凌晨，韬奋与救国会的其他负责人沈钧儒、李公朴、沙千里、史良、章乃器、王造时等七人突然分别被国民党政府逮捕，罪名是"危害民国""妨碍秩序"。国民党政府早已把救国会视为其"攘外必先安内"政策的一大障碍，对救国会公开宣传停止内战、联合抗日救国的主张十分恼怒，在日本驻上海领事馆的指使下，终于加紧了对救国会的迫害。

这就是中国现代史上著名的"七君子事件"。

救国会七领袖被捕的消息，迅速传遍上海，震动全国。上海和全国许多爱国报刊纷纷发表消息和评论，众多爱国人士也都发表谈话，呼吁营救被捕的救国会七领袖，抗议国民党政府的罪行。

宋庆龄发表声明："余以全国救国联合会执行委员之一，鉴于全国救联七领袖被捕，特提出抗议，反对此等违法逮捕，反对以毫无根据的罪名横加于诸领袖。"宋庆龄最后说："救国会的七位领袖已经被捕了，可是我们中国还有四万万人民，他们的爱国义愤是压迫不了的，让日本军阀们当心些罢！他们虽可以指使对七位领袖的逮捕，但还有全中国的四万万人民在这里哩！"(《宋庆龄选集》(上卷)，第157页，人民出版社，1992)

中共中央接到这一消息，立即通电营救。延安《红色中华报》以《反对南京政府实施高压政策》为题，报道了韬奋等人被捕的消息，并且指出："这种行为实为全国人民所痛心疾首的，全国人民绝不会为南京政府的爱国有罪政策所威胁而坐视中国的灭亡，必须再接再厉，前赴后继来发展正在开展着的全国救亡运动。"(周天度，《救国会》，第216—218页，中国社会科学出版社，1981)中共中央发表宣言，认为韬奋等人是"救国运动之民众爱戴之领袖","吾人对此爱国有罪之冤案,不能不与全国人民一起反对",要求国民党政府彻底放弃其过去的错误政策,"立即释放沈、章、邹、李、王、沙、史诸爱国领袖及全体政治犯,并彻底修改《危害民国紧急治罪法》。"(周天度,《救国会》,第318—320页)

国民党中央委员于右任、孙科、冯玉祥等二十多人也联名致电在洛阳的蒋介石,表示此案应"郑重处理"。冯玉祥和于右任还在南京发起了征集十万人签名的营救运动。广西实力派李宗仁、白崇禧、黄旭初也向南京发电报,要求无条件释放"七君子"。张学良更是一人乘军用飞机,从西安直飞洛阳,面见蒋介石,言辞激烈地请求释放"七君子",遭到蒋介石的断然拒绝和严厉斥责。这也可以看成其后一个月"西安事变"的导因之一。张学良和杨虎城在12月12日扣押蒋介石后向全国发出的通电中指出:"前方之守土将士,浴血杀敌,后方之外交当局仍力谋妥协,自上海爱国冤狱爆发,世界震惊,举国痛心,爱国获罪,令人发指。"因此,必须"立即释放上海被捕之爱国领袖"。(周天度,《救国会》,第220页)

全国各界救国联合会发表宣言、告当局及国人书,根据事实逐条驳斥国民党当局强加在"七君子"头上的所谓"罪嫌",呼吁政府当局"明示抗日之决心","允许民众以最大限度之救国自由"。(周天度,《救国会》,第215—216页)正在美国逗留的我国各界著名人士胡秋原、柳无垢、陶行知、陈其瑗、冀朝鼎等三十三人,公开发表了《旅美华侨告海外同胞书》,要求政府"立即释放沈、章、王、邹、史、李、沙七先生","确认日本为全国之公敌，救国为国民之权利及义务"。（周天度，《救国会》，第221—222页）在这个文件上签名的旅美华侨多达三百余人。北平文化界著名人士李达、张申府、张东荪、许寿裳、许德珩、梁实秋、齐燕铭、刘清扬等一百零八人，天津文化界、暹罗华侨文化界同仁二百余人，新加坡全体华侨，全欧华侨抗日救国联合会等团体纷纷发表声明，致电南京国民政府，强烈要求立即释放七位救国会领袖。

法国著名作家罗曼·罗兰、德国著名科学家爱因斯坦、美国著名哲学家杜威、英国著名哲学家罗素等国际著名人士，也都向中国政府当局发出呼吁，请求立即释放七位爱国人士。

蒋介石国民政府一意孤行，把韬奋等人关押四个月后，竟然冒天下之大不韪，全然不顾中外著名人士的呼吁和抗议，由江苏高等法院发来起诉书，以"危害民国紧急治罪法第六条嫌疑"对韬奋等人正式提起公诉。起诉书内容无非是阻挠根绝"赤祸"之国策，做有利于共产党之宣传，有国际背景和政治野心，煽动工潮，勾结军人，谋为轨外行动，以危害民国为目的而组织团体，等等。完全是断章取义，蓄意歪曲、诬蔑救国会的主张，而且张冠李戴，指鹿为马，妄图把韬奋等人置于死地。"七君子"决心奋起反击，揭露蒋介石政府"救国有罪"的反动政策，为"爱国无罪"而战。他们根据当时法律中关于每一名被告可以请三位律师的规定，决定每人都请三位律师，组成一个庞大的辩护律师团，结果竟然有二十五位律师愿意加入律师团，免费为"七君子"辩护。"七君子"和律师们密切配合，精心起草答辩状，对起诉书罗织的罪名逐一驳斥，论证所谓十大"罪状"无一成立，并且"要求法院判决无罪,以雪冤狱"(沙千里,《漫话救国会》,第55—61页,文史出版社,1983)。

在法庭上,"七君子"正义凛然,理直气壮地驳斥了起诉书中的不实之词。检察官斥责道:"你们给张学良发电报,叫他出兵抗日,他没有得到中央命令,怎能抗日?并且他离绥远很远,事实上也不能抗日。"韬奋指着救国会给张学良的电报说:"这个电报明明说希望张学良请命中央出兵援绥抗日,并非叫他举行兵谏。而且(我们)同时打同样性质的电报给国民政府,为什么不说勾结国民政府?请检察官说明电报内容与'西安事变'究竟有什么因果关系!""七君子"之一的沙千里后来这样回忆韬奋在法庭上的表现:"他竟如演说一样,态度特别激昂,而且声色俱厉地斥责黑暗势力对于纯洁的爱国行动的诬蔑,至于声嘶力竭,使全法庭的法官、律师以及旁听者,愕然相顾。他也不以为意,而且认为打了一次胜仗。"(邹嘉骊,《忆韬奋》,第26页)因为韬奋等人的据理力争,多次庭审都在不了了之中退庭。

在第一次审判的当晚,胡愈之根据旁听者的介绍,写了长达七八千字的报道《爱国无罪听审记》,交上海几家报纸同时发表。这篇文章真实记载了爱国领袖们反驳反动当局起诉的激烈场面,充分揭露了当局诬蔑陷害"七君子"的真相,在社会上引起了很大轰动。社会上又一次发出了要求释放"七君子"的强烈呼声。宋庆龄和何香凝、胡愈之等十六人,为声援营救"七君子",发起了"救国入狱运动"。他们署名向江苏高等法院递上呈文,表示"愿与沈钧儒等同负因奔走救国而发生之责任"。文中直击国民党政府这一行径的要害,指出:如果"爱国无罪,则与沈钧儒等同享自由；爱国有罪，则与沈钧儒等同受处罚"。他们还公开发表了《救国入狱运动宣言》，要求政府"立即把沈钧儒等七位先生释放"，如果"沈先生等一天不释放"，"愿意永远陪沈先生等坐牢"。宋庆龄扶病偕同胡愈之等十二人，由上海乘火车去苏州向江苏高等法院投案。他们这一行动得到许多爱国人士的响应。同一天，竟然有三四十人到江苏高等法院递呈状，要求入狱同服"爱国罪"，弄得国民党政府狼狈不堪。

韬奋等人度过了十个月的牢狱生活。他们坚强不屈，据理力争，得到了全国各界人士的积极营救和社会舆论的大力声援，直到"七七"事变以后，全国团结抗战局面形成，国民党政府才不得不于 7 月 31 日将他们交保释放。在苏州监狱门前广场和上海火车站，"七君子"受到了英雄凯旋般的欢迎。在上海救国会负责人为迎接"七君子"举行的欢迎会上，韬奋发表演说："兄弟在苏州，常常承蒙朋友来访，他们常问我两句话：（一）你在看守所有什么感想？（二）以后态度如何？兄弟对这两句话的答复：（一）在看守所内心安理得；（二）兄弟有坚定之信仰，就是各人能努力于大众所要求的事情，无论力之大小，最后一定能取得胜利……生一日，努力一日，和诸位做到民族解放的一步。"（《韬奋全集》第七卷，第 555—556 页）他还当场题词："个人没有胜利，只有民族解放是真正的胜利。"这一题词具有相当高的境界，十分激动人心。韬奋在监狱里曾有过多次题词，都是立于比较高的境界来面对这场斗争的。他的题词："推母爱以爱我民族与人群。"（《韬奋全集》第七卷，第 4 页）"力争救国无罪不是为个人是为着救亡运动的前途，不许侮辱人格也不是为个人是为中华民族人格的光辉。"（《韬奋全集》第七卷，第 553 页）"我们的国家民族的光明地位是要我们用热血代价去换来的，是要我们肩膀紧接着肩膀对着我们民族的最大敌人作殊死战去获得的。"（《韬奋全集》第七卷，第 555 页）"七君子事件"与"七君子"的爱国精神将永远载入中华民族史册。

4. 战而不屈直至生命最后一刻

自 1931 年"九一八"事变起，韬奋的爱国热情前所未有地高涨。他勇敢地站到反对帝国主义斗争的最前线，一直高擎救国抗日的旗帜，猛烈抨击蒋介石国民党的不抵抗主义，不断发出团结御侮的强烈呼声。尽管其后发生过《生活》周刊被查封，他本人被迫流亡海外考察而颠沛流离经年，又经历《大众生活》周刊被查禁、《生活日报》未能在上海复刊、"七君子事件"等遭遇，但爱国的决心却始终不曾泯灭。"七君子事件"以韬奋等人的胜利结束之后，在当时全国团结抗战的形势下，他投身抗战救国的心情更加迫切。正如 1936 年 10 月 22 日，在鲁迅先生隆重的葬礼上，韬奋对鲁迅先生那铿锵有力的赞颂："我愿意用一句话来纪念鲁迅先生：有人是不战而屈，鲁迅先生是战而不屈。"韬奋是在用他奋不顾身的爱国言行践行着这句赞颂鲁迅先生的名言。

韬奋自苏州看守所出狱不到半个月，8 月 13 日，日本侵略军开始对上海发动疯狂进攻，遭到中国军队的猛烈反击，就此拉开"八一三"淞沪抗战序幕。韬奋不顾二百多天牢狱生活带来的身心伤害，立刻投入《抗战》三日刊的筹备出版工作。胡愈之、金仲华、张仲实、柳湜、钱俊瑞、沈志远、胡绳、艾思奇等都成为他的撰稿人。经过五个昼夜的努力，《抗战》三日刊以崭新的面貌在上海问世。作为主编，韬奋在创刊号上宣布："在这民族抗战的紧急时期，本刊的任务，在一方面是要对直接间接和抗战有关的国内和国际的形势，作有系统的分析和报道，显现其重要意义和相互间的关系；在又一方面，是要反映大众在抗战期间的迫切要求，并贡献我们观察讨论所得的结果，以供国人的参考。"同时，《抗战》三日刊还出版六天一期的《抗战画刊》。这段时间，韬奋还担任了《国民周刊》的编委和评论委员会委员以及《救亡日报》的编委，经常为《申报》《立报》《抗战联合旬刊》《文化战线》等报刊撰稿，从整个国家和人民的利益出发，报道、分析和抗战有关的国内国际形势，全面反映人民大众在抗战期间的迫切要求。他主编的《抗战》三日刊很快成为深受读者欢迎的刊物。这份刊物于翌年7月7日和《全民》周刊合并为《全民抗战》三日刊，在武汉编辑出版，后来移至重庆，改出五日刊，1939年10月13日起改为周刊，直到1941年2月底被国民党当局查禁。

　　1937年11月8日，上海沦陷。12月中旬，韬奋辗转来到当时抗战的政治、文化中心武汉。一进武汉，韬奋就投入了支援抗战的繁忙的新闻出版工作。他紧紧抓住《抗战》三日刊的编辑出版，为抗战大局编撰更多富有新意的内容，同时，又在生活书店的出版发行工作上投入了较多的精力。此前，生活书店在上海除了出版他主编的刊物外，还出版过《文学》《世界知识》《太白》《光明》《译文》《新生》《永生》《妇女生活》《生活教育》《国民》

《战时教育》《新学识》《读书与出版》等十余种刊物，为新文学的发展和社会进步做出过多方面的贡献。在当时的形势下，有些刊物已经不能接续出版，韬奋和同事们根据形势需要，除把刊物调整到八种继续出版外，把书店出版发行工作的重点转移到了图书出版和分店建设上来。1937年底，生活书店只在汉口和广州开设了分店，到了1939年年末，各地的分店、支店及办事处竟达到五十二个，临时营业处三个，流动供应所九个，除新疆、西藏、青海、宁夏之外，后方十四个省都有了生活书店的发行据点，其分支机构分布之广，超过了其他同业。在抗战环境中资金极为困难的情况下，能迅速建立起这样遍布全国的发行网，确实是出版界的一个奇迹（生活书店史稿编辑委员会，《生活书店史稿》，第136页，生活·读书·新知三联书店，1995）。

生活书店在图书出版上也有了很大飞跃。1938年元旦，韬奋主持成立了生活书店编审委员会，成员有韬奋、胡愈之、范长江、金仲华、张仲实、柳湜、钱俊瑞、沈兹九、杜重远、钱亦石、王纪元等，后来又增聘了胡绳。有了这个阵容强大的编审委员会，生活书店团结了一大批作家、翻译家，使稿源大大丰富，事业有了更加明确的发展方向。1938年生活书店出版新书二百余种，重印书近二百种，比1937年增长了100%，是当年度同业内出版品种数量领先者，其中《战时读本》印数达百余万册，《大众读物》印数共达三百余万册。1939年，生活书店遭到国民党政府种种阻挠迫害，还坚持出书二百四十种，一直出版畅销的大众读物，是当时青年读者最为喜爱的出版机构之一。

正当韬奋带领生活书店为抗战积极出版发行的关头，国民党政府加大了对生活书店的打压。除了无理扣压稿件外，对各分支店加紧摧残，到 1940 年 6 月，生活书店的五十五个分支店，纷纷被关闭查禁，只剩下六个。经过韬奋以国民参政员名义直接给蒋介石去信要求停止此类无理无法的行径，当局才暂时停止封店捕人的行动。可到了 1941 年 1 月"皖南事变"前后，生活书店成都、昆明、桂林三个分支店又接连被封。此后，贵阳分店也被封闭，全体职工无故被捕。韬奋主编的《全民抗战》周刊在重庆同时遭到查禁。韬奋忍无可忍，做出了辞去国民参议员职务的决定，决心离开重庆到香港从事进步文化活动。他说："在这种地狱似的凄惨环境中，再粉饰场面实在是莫大的罪恶！"他后来回忆道："我的动机绝对不是出于泄愤的观念。我十分痛心于违法背理的现象，愿以光明磊落的辞职行动，唤起国人对于政治改革的深刻注意与推进。就这一点说，我的辞职和出走，不是消极而仍是积极的。"（《韬奋全集》第十卷，第 371—372 页）

　　韬奋愤然辞职出走，离开重庆，对于国民党政府打压抗战进步文化，特别是对于制造"皖南事变"反共分裂逆流的反动势力，是一个强有力的反击。由此可以看出，韬奋为抗战救国从事进步文化活动的决心没有丝毫动摇。"韬奋到了香港，有人问他打算留在香港还是预备出洋。韬奋表示自己还是愿意做一个新闻记者，站在人民的立场对国事提供意见。他说这次由重庆出走，并不是对国事绝望；相反地，正是一种积极的表示，是要用自己的行动来唤起国人的注意和一部分人的反省……目前重庆不容许他这样做，如果远离祖国也将不能影响国内，所以决定留在香港，努力民主运动。"（穆欣，《邹韬奋》，第 18 页）

韬奋这次是空身从重庆出走，生活上毫无准备，平时也没有积蓄，到香港后全家生活十分窘迫，几乎到了难以维持的地步。他既不愿意无缘无故接受友人的援助，更不愿意动用生活书店在香港存放的钱款，于是日以继夜地给进步的《华商报》撰稿，靠稿费解决一家人的生活问题，真可谓"穷且益坚，不坠青云之志"。他的重要著作、近二十万字的《抗战以来》就是在那个困苦时期熬夜写出来的。《抗战以来》在《华商报》连载后，引起读者极大兴趣，接着出版单行本，在两三个月里就印了三次，销售量达到一万五千册。

　　韬奋是永远放不下他所钟爱的新闻出版事业的。他一面为《华商报》撰稿，一面又开始筹备将五年前被扼杀的《大众生活》复刊。然而，那时在香港创办一个刊物并不容易。香港当时的条例，规定刊物的发行人必须是港绅，而韬奋不是港绅也就出版不了刊物。参与《大众生活》复刊工作的著名作家茅盾先生后来回忆道："当时的香港充斥着各式各样的特务，——蒋记的，汪记的，等等。他们要破坏韬奋的活动，自不待言。香港政府自然也不会欢迎韬奋这样一个人来办刊物……"后来经过韬奋和朋友们的多方努力，终于冲破了重重障碍，《大众生活》周刊还是在香港获得了合法身份得以复刊。茅盾回忆道："所谓'有志者事竟成'罢，韬奋终于找到一位发行人了，原来有位曹克安先生（他的父亲是所谓港绅），早已登记好了要办一个周刊，但因找不到适当的主编，故而那刊物还没有出世。这位曹先生年纪还轻，读过韬奋的著作及其所编的刊物，可以说是对于韬奋的道德文章有相当认识，对于韬奋怀着敬佩之心的一个人。经过第三者的介绍，事情就成功了。这就是后来坚持到香港沦陷后停刊的《大众生活》周刊。从这件事，也可见韬奋的为祖国为人民的长期奋斗的精神和毅力，在一般人中间（而曹先生是其中之一）建立了如何高的威信！"（茅盾：《邹韬奋和〈大众生活〉》，《人民日报》1954 年 7 月 24 日）

《大众生活》在香港出版了三十期，直到太平洋战争爆发后被迫停刊。这个刊物在香港创造了两个纪录：一是从未脱期，这在香港是空前的；二是刊物销售数总在每期十万册左右，这也是当时香港周刊的发行纪录。

香港《大众生活》是韬奋生前主编的最后一个刊物，也是被评价为他所办刊物中最好的一个。究其原因，首先在于刊物体现了韬奋一以贯之的爱国爱人民的立场，再就是体现了韬奋一以贯之的热爱读者、帮助读者的精神，让读者感到刊物的编者始终情绪饱满，人格魅力十足，具有很强的亲和力。此外，还有一个十分重要的原因，那就是韬奋组建了一个强有力的编辑委员会，这是他当初主编《生活》周刊时所不具备的团队力量。编委会连他一共七人，即：邹韬奋、金仲华、茅盾、沈志远、夏衍、胡绳、千家驹。他们每星期六在香港中环太子行二楼开一次编委会议，讨论下一期应该写的题目并分配好写文章的人。韬奋当然是撰稿和编辑的主力。茅盾回忆道："韬奋必须自己做的，就有下列一大堆事情：每期登载卷首的社评，那是有一定篇幅的，太长或太短都会影响到刊物整个编排的计划；审阅来稿（包括特约稿和外来的投稿）；给读者的来信作'简复'，这是刊物的很重要的一栏，刊物与读者的联系固然赖此一栏，而尤其重要的，是借这一栏发表一些还不宜于用其他形式（例如短评等等）来发表的主张或批评。不曾在那种环境下办过刊物的人不会了解到'简复'读者来信这工作在彼时彼地是怎样重要而且又是怎样地不简单。韬奋常说，他花在'简复'上的时间和精力，比花在社评上的要多得多。"（茅盾，《邹韬奋和〈大众生活〉》）

韬奋在香港，除花了大量时间和精力编辑出版《大众生活》周刊和给《华商报》写文章外，还为《保卫中国大同盟》英文半月刊按期撰写英文论文，进行国际宣传；同时也时常在救国会同仁所办的《救国丛刊》上发表关于抗战救国的主张。韬奋在香港一直过的是战斗一般的生活。他是把自己的全部生命投入到抗战救国、民族解放的斗争中去了。

日本军队进攻香港的战争爆发后，在香港的韬奋和文化界朋友得到八路军驻粤港办事处的热情帮助，经过周密策划，他们离开香港，到了广东的东江游击区。韬奋的夫人和孩子不久也在中国共产党的地下组织和东江纵队的帮助下，来到了他的身边。韬奋多年都在为事业奔忙，日夜操劳，难得与家人过上几天安逸团聚的日子，在东江纵队的精心安排下，一家人一起在乡下团聚了两个多月。对于韬奋一家来说，这是全家最后的宝贵的团聚时光。他的长子邹家华（嘉骅）同志后来深情地对笔者回忆道："就这两个多月！我们一家人算是真正在一起生活了两个多月。"

为了继续抗战，也为了躲避国民党当局邪恶势力的迫害，韬奋在广东梅县农村隐居了一些日子，旋即只身辗转数千里，进入苏中解放区、苏北解放区。他的愿望是在解放区继续投身抗战文化活动。然而，不曾想，韬奋在解放区刚刚开始文化活动，即因罹患耳癌，不得不秘密转至上海的医院治疗。韬奋从此一病不起，1944 年 7 月 24 日在医院病逝，年仅四十九岁。在病榻上，闻听国民党方面调集大军进攻陕甘宁边区，韬奋愤不可抑，写下了《对国事的呼吁》一文，予以严词谴责。他说："我个人的安危早置之度外，但我心怀祖国，眷念同胞，苦思焦虑，中夜彷徨，心所谓危，不敢不告。故强支病体，以最沉痛迫切的心情，提出几个当前最严重的问题，对海内外同胞作最诚挚恳切的呼吁，希望共同奋起，各尽所能，挽此危机，保卫祖国。"（《韬奋全集》第十卷，第 815—817 页）战而不屈的韬奋，直至生命的最后一刻还在发出一个爱国知识分子忧国忧民、抗战救国的最强音。

5. 小结之二

2014 年，我国决定设立烈士纪念日，在国家公布的首个烈士纪念日公祭的三百位著名抗日英烈名录里，邹韬奋的英名赫然在列，而且是其中唯一既是新闻记者又是出版家、政论家的英烈。他是我国新闻出版界抗日救国最早的呼吁者之一，是我国新闻出版界始终坚持团结抗日的主将之一。他旗帜鲜明，从未在抗日救国的主张上有过些微的动摇。他嫉恶如仇，绝不容忍外敌对自己的祖国有丝毫的侮辱和损害。他一往无前，不曾因为分裂投降势力的迫害和摧残而停下抗日救国的步伐。他用自己的一支笔和众多的出版物，指引无数青年奔赴抗日救国的战场，鼓舞亿万抗日军民战斗到底，他是抗日救国一面永远不倒的旗帜。

韬奋热爱祖国，常常从心底里喷发出爱国的激情。在苏州监狱，自己身陷囹圄，却能书写出感人的题词："推母爱以爱我民族与人群。"他把对民族、人民之爱譬喻成伟大的母爱。在流亡异国他乡时，韬奋无时不挂念着自己的祖国。他写道："我常于深夜独自静默着哀痛，聪明才智并不逊于他国人的中国人，何以就独忍受这样的侮辱和蹂躏！"（《韬奋全集》第五卷，第685页）这是游子对苦难母亲的眷想，是爱国者对悲惨祖国痛彻心扉的苦念。这其中有不平，更有奋争。当祖国面临生死存亡的危急关头，他必定会表达出保卫祖国的决心。韬奋就是这样从心底里发出自己的誓言："我个人既是中华民族的一分子，共同努力救此垂危的民族是每个分子所应负起的责任，我绝不消极，绝不抛弃责任，虽千磨万折，历尽艰辛，还是要尽我的心力，和全国大众向着抗敌救亡的大目标继续迈进。"（《韬奋全集》第六卷，第349页）"为祖国而生，为祖国而战，为祖国而死，现在已到了时候了。"（《韬奋全集》第六卷，第442页）"个人虽生犹死，为事尚小；贻羞民族，为憾实大。"（《韬奋全集》第四卷，第48页）"我们为着国家民族的光明前途，必须始终坚守进步文化的岗位，与黑暗势力奋斗到底。"（《韬奋全集》第十卷，第886页）诸如此类的爱国文字，在《韬奋全集》里比比皆是。自"九一八"事变之后，直至生命终结，爱国主义成为他写作的母题。他的爱国主义篇章，影响了一个时代，特别是影响了一个时代的青年，韬奋是抗日救国时期最受读者热爱的新闻记者、出版家和政论家。正如胡愈之所说的："韬奋虽然死了，他依然没有死，他活在中国人民大众的心头，就是远离祖国数千里的南洋

罢，就有千千万万的青年们，他们并没有和韬奋见过面，他们却都是韬奋的读者。"（邹嘉骊，《忆韬奋》，第102页）

一个真正的爱国者，最感人的还不在于他在言论上的崇高和壮美，更在于他为了祖国的利益，能够克服爱生之念、畏难之情，义无反顾地战斗在祖国最需要的地方。韬奋在国家危难存亡之际，在抗日救亡的艰难岁月里，几乎没有一天不握着笔呐喊、战斗，几乎没有一天不为着出版书刊奔忙、操劳。直至生命的最后一息，还在抱病忍痛写作《患难余生记》，还要发出《对国事的呼吁》，谴责分裂主义，呼唤团结抗战。正如著名作家郭沫若对他的评价："韬奋先生：你是我们中国人民的一位好儿子，我们中国青年的一位好兄长，中国新文化的一位好工程师。你的一生，为了人民的解放，为了青年的领导，为了文化的建设，尤其在抗日战争发动以来，为了争取反法西斯战争的胜利，你是很慷慨地、很热诚地用尽了你最后一滴血。"（邹嘉骊，《忆韬奋》，第38页）正是这样一位满怀爱国热情、脚踏实地战斗的知识分子，虽然生命过早地终结于病榻，可人民永远怀念他，祖国始终铭记他，一致尊崇他是为国捐躯的烈士，在告别人世七十年之后，他依然受到了共和国最高规格的公祭。

敢斗争

韬奋积极致力于抗日救亡运动。

《大众生活》转载《上海文化界救国会第二次宣言》。

"七君子事件"中，韬奋在被囚禁的日子里，坚持斗争，坚持写作。十个月的时间里，写作了《经历》(自传)、《萍踪忆语》(游记随笔集)，并编成《读书偶译》，共三本书。

個人沒有勝利只有民族解放是真正的勝利

韜奮

廿六年八月六日

韬奋出狱的题词。

1. 此志不可屈

《生活》周刊最初是一份青年职业教育指导性刊物，韬奋接办后，使其内容得到迅速的拓展，除职业教育外，社会生活的各个方面，求学、求职、婚姻、恋爱、交友、购物、文化艺术等无所不包。韬奋和编撰人员无不认真撰稿，诚恳回应读者的需求，其内容、精神与刊名"生活"真正做到了名副其实，深得一般市民读者特别是青年读者的喜爱。不过，平心而论，这个时期的《生活》，还只是一份以市民趣味为主要风格的文化修养类刊物。虽然说，韬奋接办《生活》周刊后，是以一种比较积极、融洽、和谐的状态开始起步，形成了很好的人气，但这只是起步阶段。刊物尽管对"小人物"充满同情，鼓励人们不要满足于现实，要奋斗自救，但总体上还只是一份脍炙人口的文化修养类刊物。

韬奋是一个有理想、有抱负、有正义感的青年知识分子。面对杂乱落后的社会和民生凋敝的现实，他不可能甘于让一份关系到社会生活各个方面的周刊，永远停留在满足市民趣味的生活文化类刊物的层面上。

早在 1919 年五四运动期间，韬奋还在上海圣约翰大学上学时，就积极投身这场反帝反封建的爱国学生运动，参加了宗旨为"唤醒农工商各界，共做救国事业"的上海《学生联合会月刊》的编辑工作，成为"五四"时期的学生领袖。他在圣约翰大学的校刊《约翰声》上发表了《青年奋斗之精神与国家前途之希望》一文，号召青年们"坚持其奋斗精神与社会腐败恶习宣战也"。他认为："吾国前途之希望，其在青年奋斗精神乎！"（《韬奋全集》第一卷，第171页）由此足可以看出韬奋的远大志向。他撰文道："吾意以为吾侪任事之时，一方面知其为一家之分子，一方面知其为社会一分子，一方面忠于其本身事业，一方面尤当热心协助社会上之公益事业……苟心目中有是鹄的，一旦有此地位与能力，亦不至流入贪官污吏，或贪酷残忍之资本家。"（《韬奋全集》第一卷，第219页）这充分展现了韬奋所具有的斗争精神。他的远大志向和斗争精神，必然要在他的新闻出版工作中顽强地表现出来。

事实上，韬奋在《生活》周刊上一直积极主动地宣传伟大的革命先行者孙中山先生，用了大量篇幅介绍孙中山生平，全面系统地介绍孙中山的政治主张，介绍并维护孙中山的夫人宋庆龄的形象，坚决回击社会上的流言蜚语。他主动介绍印度民族英雄甘地，赞颂甘地坚决反抗帝国主义的横暴，撰文指出："中国诚欲从万丈深渊中自拔出来，以救国家为己任者，必须具有甘地的牺牲自我艰苦卓绝的人格和精神。"他十分关注中国妇女的地位和教育的改革等关系到人民大众切身利益的问题。而一旦刊物接触到具体的重大问题，韬奋立刻迅速站在人民大众的一边，毫不犹豫地走向斗争的第一线。

第一个突出的表现是，《生活》周刊对济南"五三"惨案的强烈反应。1928 年，南京国民政府派出四个集团军，继续进行北伐，以图统一北方。支持张作霖的日本田中内阁以"就地保护侨民"为借口，决定第二次出兵山东，阻挠北伐军北上。5 月 3 日，日本军队按照预谋向北伐军驻地发起了大规模的军事进攻，将北伐军七千余人缴械。日军又以种种借口在济南奸淫掳掠，无恶不作。中国人在马路上行走，在商店里买东西，甚至在澡堂里洗澡、在理发店里理发，只要被日本兵碰上，立即遭到杀害。日军还唆使日侨"义勇团"杀害平日有反日言论或者取缔过日货的中国学生、工人、店员。一时间，济南成了日寇屠杀中国军民的杀人场。在 5 月 3 日这一天里，被日本侵略者野蛮屠杀的中国军民就在一千人以上，制造了震惊中外的济南"五三"惨案。对此，韬奋的《生活》周刊表现出前所未有的激愤，连续两个半月，刊登黑体大字标题"时刻勿忘暴日强占济南的奇耻"以示抗议，并发表了《济南惨剧后我们应该怎样？》等文章，愤怒控诉日军暴行，号召人民团结一致抵抗日寇侵略。《生活》周刊正义凛然，锋芒铮铮，一时间，令广大读者为之振奋。

《生活》越来越成为关注社会重大事件的新闻政论性周刊。1930 年 2 月 22 日，上海大光明电影院发生了一件观众抗议丑化中国人的美国电影的事件。这家影院上映美国电影《不怕死》（又名《上海快车》），影片充满了歪曲、丑化和侮辱中国人的镜头。复旦大学教授洪深观影时非常气愤，当即跳上舞台，发表慷慨激昂的演讲，抗议帝国主义对中国的侮辱。现场的许多观众受到教授强烈爱国演讲的感染，纷纷要求退票。大光明的总经理完全没有料到一部美国大片居然在中国影院遭遇如此抵制，气急败坏，连忙指使雇佣的外国经理出面，把洪深揪到经理室殴打，并让外国巡捕把他拖到老闸捕房关押。总经理满以为让外国人出面，中国老百姓会被吓跑。

可是这一回大光明的总经理大大失算了。大光明观影事件立刻轰动了整个上海。韬奋闻讯后迅速决定《生活》周刊坚决介入。他打电话到老闸捕房抗议，并派人打听洪深的消息，表示要坚决营救。在聚集在老闸捕房的许多中国民众的抗议下，在一个又一个抗议电话的谴责下，老闸捕房不得不在三小时后释放洪深。次日清晨，韬奋即带着《生活》周刊的同事去看望洪教授，向他表示致敬。尽管他们此前并不认识，但共同的爱国情怀使他们一见如故。韬奋紧接着在 3 月 9 日的《生活》周刊上发表了《大光明中不大光明》一文，认为此事的性质"简直是十全奴性的十足表现，卑鄙龌龊寡廉鲜耻到了极点"。对某些以专家身份出来替美国电影辩诬的人士，韬奋毫不留情地讥讽道："凭借外势欺凌本国同胞的厚脸专家，亦不得不稍稍顾到只要钱不要脸的无耻勾当实可为而不可为，替民族精神略留生气。"他呼吁"现在我们要提倡为正义公道及民族前途就是死也不怕的精神"。韬奋明确表示："我因此对洪君此事乃不胜其佩仰！"（《韬奋全集》第三卷，第 540—541 页）

《生活》周刊在大光明影院事件中鲜明进步的立场和坚决斗争的态度，获得了社会各界的赞佩。而《生活》周刊的进步、公正的立场越受到读者的拥护，也就越引起达官贵人们的警觉。也有好心人规劝韬奋为了自身安全，不妨留点情面。他态度决绝地回应道："编辑可不干，此志不可屈。"（《韬奋全集》第二卷，第

392 页）充分体现了他为人民大众办刊的坚定立场和崇高人格。

2. 主持正义的舆论机关

1930 年 11 月，安徽省政府主席陈调元爆出丑闻，为他的母亲做寿，竟然花了十万元。

消息一经传出，韬奋立刻以敏锐的新闻触觉和强烈的正义感，写了题为《民穷财尽中的阔人做寿》的文章，怒斥这位高官穷奢极侈的行为。文章陈述事实：陈调元为母做寿，连办两天，在上海沪西陈宅设置礼堂，遍扎彩色栏杆，并扎五色松柏电灯牌楼，自朝至暮，沪上各机关团体、党政要人，均前往祝贺，京剧歌舞，名角满堂，宴席不断，盛况罕见。韬奋愤怒地写道："呜呼！在此民穷财尽、哀鸿遍野的中国，身居高级官吏，何得有此丧心病狂的举动！"他沉痛地写道："试读陕民最近乞赈之电，'路旁白骨，村中绝户'，'流亡载道，死丧枕藉'，'惨情苦况，亘古罕闻'，苟有人心，能无悲恻……"他怒斥道："一掷巨万闹阔的青天白日下的高级官吏，不知他的钱是哪里来的，本人不以为耻，社会不加制裁，且有'党政军界各要人各团体等'趋前恐后地凑热闹！呜呼，哀莫大于心死，中山先生在天之灵而有知，哀此民生，复见此奢侈荒谬的公仆，其唏嘘悲愤之情状，必有非吾人所忍言者！"（《韬奋全集》第三卷，第 596 页）

韬奋还在《生活》周刊上陆续发表了《平民住宅与阔人洋房》《人力车夫所受的剥削》《励志社的祝捷盛宴》等文章，对于高级官吏奢侈糜烂的生活，毫不留情地予以揭露；对于穷苦百姓的遭遇表达了深切同情。

韬奋后来回忆道："也许是由于我的个性的倾向和一般读者的要求，《生活》周刊渐渐变为主持正义的舆论机关，对于黑暗势力不免要迎面痛击；虽则我们自始就不注意个人，只重于眼里评论已公开的事实，但是事实是人做出来的，而且往往是有势力的人做出来的；因严厉评论事实而开罪和事实有关的个人，这是难于避免的。"（《韬奋全集》第七卷，第 203 页）

六十年后，著名记者赵浩生这样回忆韬奋对他的影响："至今我还清清楚楚地记得，每期《生活》周刊在学校饭厅门前的地摊上出现时，同学们都一改拥进饭厅占座位抢馒头的活动，而如饥似渴地抢购《生活》周刊。一册到手，大家就精神物质食粮一起狼吞虎咽；而最迫不及待要看的，就是韬奋的时事评论和连载的游记。《生活》周刊的内容并不限于时事、报道，更使青年读者敬重热爱的，是思想和学习的指导。我和当时所有青年人一样，我们的心情是国事如麻，寇深事急，抗敌御侮的热血奔腾，求知上进的欲望如饥似渴。《生活》周刊恰恰满足了青年的这两个需要。当时每一个人都感到《生活》是我们的生活，韬奋是我们的导师。"（赵浩生，《我是韬奋先生的学生》，《解放日报》1990 年 11 月 13 日）

《生活》周刊对于民国政府交通部长兼大夏大学校长王伯群奢靡贪腐丑行的披露抨击，更是十分考验韬奋的人格和胆略。

1931 年间，身为民国政府部长的王伯群，还是国民党中央执委、国民政府委员，其妹夫是国民党军事巨头何应钦。他的奢靡行为令人侧目，竟从其贪腐所得的钱财中，用十万元强娶大夏大学一位"才貌双全"的毕业生做小老婆，还在上海愚园路三一〇号建了一栋价值五十万元的"新屋"。其婚礼挥霍十数万元，民间传闻豪华气派远胜过当年蒋介石宋美龄的婚礼。消息传出，舆论大哗。韬奋在《生活》周刊上著文痛斥此事："当此民穷财尽的中国，应以救国为己任的党员而复身处高等地位，个人穷奢极欲，是为国民的罪人。"

王伯群欲盖弥彰，居然致信《生活》周刊狡辩，自夸"素尚俭约"。韬奋一面将其来信发表，一面派记者进行深入调查。记者查出，王伯群经办交通部的一处公共建筑项目时，让承建方公司同时承造他自己的"新屋"。"新屋"共有四层，规模宏大，结构考究，材料昂贵，外带一个占地两亩的花园。韬奋请专家核算，认为造价在四十万元以上（还不包括内部装修），该公司却只收取十八万元。记者把这座私宅拍了五张照片，韬奋决定将照片和调查结果一起在周刊上公之于众。

王伯群听闻《生活》周刊正在四处调查他的问题，准备将他的丑行彻底曝光，顿时惊慌失措，急忙找人前来说项。来人还携带了十万元巨款，妄图游说不成，就用金钱堵口。结果毋庸多言，说客自然是碰了一鼻子的灰回去。第二天，韬奋接到了几封匿名信，警告他小心。但他绝不会就此退缩，仍然在周刊上披露了记者的调查结果。韬奋义正辞严地指出："在做贼心虚而自己丧尽人格者，诚有以为只须出几个臭钱，便可无人不入其彀中，以为天下都是要钱不要脸的没有骨气的人，但是效用亦有时而穷……俗语谓'若要人不知，除非己莫为'，苟有亏

心之事，必有拆穿之日，终必为社会所唾弃。"（《韬奋全集》第三卷，第 412 页）

自从《生活》周刊披露抨击王伯群丑行以后，韬奋就受到了对手放出来的不少流言蜚语的骚扰甚至是直接的诬陷攻击。尽管如此，他毫不畏惧，依然勇敢前行。他说："倘我得到可以评论值得评论的事实，我便评论；倘我得不到可以评论值得评论的事实，我便不评论，绝不因为怕挨骂而动摇这个标准。"韬奋这种威武不能屈、富贵不能淫的精神，使得《生活》周刊深得读者的拥护，刊物发行量到 1931 年就突破了十万份。

3. 批驳胡适

韬奋与胡适曾经有过声气相投的一段经历。五四运动前夕，韬奋还在圣约翰大学求学，就已经对胡适在新文化运动中的言行，特别是在文学改良上的主张相当认同。韬奋于 1920 年开始着手翻译《民本主义与教育》，该书作者杜威就是胡适在美国求学时的导师。

韬奋接手《生活》周刊后，周刊先后发表过五篇胡适的文章，还发表了介绍评述胡适言论的文章二十多篇。1927 年 11 月，韬奋对胡适进行过采访，两人一见如故，相谈甚欢。胡适说："《生活》周刊，我每期都看的。选材很精，办得非常之好。"胡适诚恳地表示："我向来对于出版物是不肯轻易恭维的，这是实在的话……我并听得许多人都称赞《生活》周刊。"教育文化界名人胡适对于《生活》周刊的肯定，对当时的韬奋当然是很大的鼓舞。胡适很认真地接受了韬奋的采访，谈了自己的求学经历、家庭状况、现时生活乃至对中国问题的观察。采访结束时，胡适没有忘记再次称赞《生活》周刊，说他很佩服《生活》周刊的努力精神。采访当晚，韬奋即撰写了《访问胡适之先生记》，很快发表在《生活》周刊上。

1931年"九一八"事变后，面对深刻的民族危机，韬奋以极大的义愤和满腔的爱国热诚投入到抗日救亡运动中。1932年"一·二八"淞沪抗战爆发。3月3日，蒋介石无视全国人民抗战到底的呼声，应日本方面的要求，强令十九路军撤离上海。3月9日，日本一手炮制的"满洲国"成立。5月5日，国民党政府同日本军方签订《淞沪停战协定》，协定明文规定日本可以在上海驻扎军队，且对于其驻租界的海军陆战队，没有数量上的限制；而协定却又明文规定中国正规军队不得调驻上海市区，把上海变成了一个不设防的城市。这显然是一个妥协并出卖主权的协定。5月14日，韬奋即在《生活》周刊上撰文严厉批评这一协定，他悲愤地指出："全国上下必知此之为可耻，而后始有雪耻的时候。"（《韬奋全集》第五卷，第140页）

胡适作为思想界、学术界的名人，在国难当头之际，竟然一味主张温和冷静，主张不抵抗主义，对一切能暂时停止战争的妥协举措，都表示欢迎拥护。5月22日在他主编的《独立评论》创刊号上，他一反自己曾经主张的"不问政治"的"超然"态度，发表了《上海战事的结束》一文，文中公然赞许国民党政府的妥协态度，赞扬丧失主权的《淞沪停战协定》。此后，在《独立评论》上，胡适连续发表文章谈中日关系问题。他认为中国还没有资格和条件抵抗日本。他主张直接同日本交涉，直接向国际联盟交涉，不战就可以和。国际联盟调查团发表了罔顾日本肢解中国东三省事实的调查报告，胡适却在《独立评论》上撰文赞扬，称赞它为"代表世界公论的报告"，认为对于报告提出的所谓"满洲自治"，"看不出有什么可以反对的理由"。他说："中国政府应该表示愿意依据十月中日本在国联提出的五项原则，进行与日本交涉东三省的善后问题。"五项原则中的第五项即"尊重日本帝国在满洲之条约上的权益"。胡适甚至说："中国不妨自动地主张东三省的解除军备。中国日本俄国皆不得在东三省驻扎军队。"（马仲扬、苏克尘，《邹韬奋传记》，第145页，重庆出版社，1997）

对于胡适称赞的公然鼓吹"满洲自治""国际合作"共管的国联报告，韬奋发表了决然不同的看法。韬奋在《生活》周刊上撰文指出："自东北国难发生以来，我国所唯一仰望的救星国际联盟，它的千呼万唤的调查报告总算公布了。该报告书所加于中国的罪名是'抵货'与'排外'；所建议的解决办法是不仅东三省应由国际共管，全中国都应由国际共管……这是我国对国联千乞万求，国联于哀矜中所慨然赐给我们的特惠！""对于这种'特惠'，我想凡是做中国人没有不想'璧谢'的，因为他们把'华人'和他们的'殖民地'的奴隶放在同等优遇的地位，这当然要引起我们的反感。"（陈挥，《韬奋评传》，第143页，上海交通大学出版社，2009）

1933年3月15日，《生活》周刊在"信箱"一栏中披露梁漱溟、胡适通讯讨论"我们走哪条路"的情形。胡适认为中国人真正的敌人是贫穷、疾病、愚昧、贪污和扰乱。解决这五大敌人只有一条路，就是一步一步做自觉的改革。梁漱溟则反驳，认为疾病、愚昧皆与贫穷为缘，贪污与扰乱有关；贫穷直接出于帝国主义的经济侵略，扰乱则间接由帝国主义之操纵军阀而来，因此，帝国主义实为症结所在。韬奋针对梁、胡通讯对话，撰文道："我们觉得胡先生的话是倒果为因，模糊大众革命所应认清的明确对象。梁先生的话比较近于事实。"他指出，中国的自救"相信果由以大众为中心的革命政府建立起来，驱除帝国主义和它的走狗军阀以及它们的种种附属品，并非不可能"（《韬奋全集》第五卷，第230—232页）。

韬奋对于胡适观点的批驳，已经从抗日的事件扩展到中国向何处去这一更为深刻的层面。

胡适当时已经是在思想界、学术界具有很大影响的人物，韬奋作为一个出版人，与这样一位大人物直接对立，是需要勇气和胆识的。但韬奋是一位敢于为真理而斗争的爱国者，不可能对这样一些于抗日救国有明显消极作用的言论置之不理。韬奋针对胡适的一系列言论，一直进行不懈的批驳。

胡适在上海对新闻界发表谈话时曾说："余对上海停战与华北停战，均属同意，须知华北停战后，最低限度，可以减少吾人之损失。"韬奋立刻撰文反驳，题目为《听到胡博士的高谈》，文中讥讽胡适，"近来对国事发表的伟论，实在无法'佩服'，只觉得汗毛站班"（《韬奋全集》第五卷，第599页）。

在"一二·九"运动中，胡适一则表示同情学生运动，一则表示"罢课是最无益的举动","会导致社会的轻视和厌恶",他力劝学生要"安心向学",不要闹运动（陈挥，《韬奋评传》，第145页）。韬奋立刻以《再接再厉的学生救亡运动》为题，撰文批驳道："有些人一再发挥知识的重要，力劝学生'埋头'到课堂去。我们以为求知识不在读死书，不在'洋八股'，更不在养成'顺民'式的教育；在民族这样危险万状的时候，知识须和民族的解放斗争联系起来，在实际行动和实践中才有真知识可以求得。"文中针对在日本军国主义逼迫下，华北当局公然宣称要修改学生教科书这一事实，提出诘问："我们不知道不顾现实而满口唱着'埋头读书'高调的先生们对于这种事实何以自解？所以即为避免奴隶教育的惨祸而求得真可'安心读书'的环境起见，正需要发动救亡运动，不能'埋头'不顾一切。"（《韬奋全集》第六卷，第513页）

胡适在对日问题上一系列的妥协态度，令韬奋批驳这位昔日一见如故的名人的态度越发激烈。1936年7月，胡适以中国首席代表的资格，赴美国出席太平洋国际学会。临行前，韬奋仍不忘再次对他在抗日救亡上的态度予以批评。韬奋以《送胡适博士赴美》为题，撰文指出："胡适博士最近的政治主张，有许多地方是我们所不能同意的。""而且胡适博士一面主张把东四省送给外人，一面又主张中央下令讨伐西南，薄于己而厚于人，未免过火了些。"（《韬奋全集》第六卷，第699页）

韬奋自"九一八"事变后，就把抗日救亡运动看成至高无上的神圣事业。胡适当时的一些言论，也许在他本人看来只是个人见解，可是，由于他的地位、身份和影响力，客观上是有害于抗日救亡运动的，韬奋对他进行批驳也就是势所必然。

4. 绝不向权贵势力屈服

韬奋的《生活》周刊和《大众生活》周刊以及生活书店，一直坚持为人民伸张正义，为抗日救国发表主张，为社会进步针砭时弊，因而成为当时民主进步力量的重要舆论阵地。这一现象引起了国民党高层的高度警觉，于是动用各种手段，一而再，再而三地向韬奋施加压力。

1932年1月，蒋介石的心腹、国民党将军胡宗南专程拜访《生活》周刊社，并用汽车把韬奋接去谈话。胡宗南出身于黄埔系，后来号称蒋介石的"十三太保"之首，深得蒋介石的信任和重用。由他出面来谈《生活》周刊问题，可谓文武压力俱备。胡宗南向韬奋提出抗日问题和《生活》周刊的社会主张问题，名曰讨论，实则为施加压力，他要求韬奋改变立场，拥护国民党政府。韬奋据理力争，做了激烈的辩论。对于抗日问题，韬奋向胡宗南说明："站在中国人民大众的立场上，对于暴日的武力侵略，除了抵抗以外，不能再有第二个主张。"对于《生活》周刊的社会主张，韬奋也明确表示："站在中国人民大众的立场上，站在一个认识清楚中国局势而有良心的新闻记者立场上，对于中国前途，我认为只有改变生产关系，而后可以促进生产力，舍此之外，并无第二条出路。"最后讨论到具体问题，胡宗南要求韬奋拥护政府抗日。韬奋回答道："只拥护抗日的政府。不论从哪一天起，只要政府公开抗日，我们便一定拥护，在政府没有公开抗日之前，我们便没有办法拥护。这是民意，违反了这种民意，《生活》周刊便站不住，对于政府也没有什么帮助。"两人你来我往，激烈辩论达四个小时之久。一位文弱书生竟然如此强硬，这是胡宗南这位国民党将军始料不及的。胡宗南无可奈何，最后只得僵硬地握别："请先生好自为之！"（上海韬奋纪念馆，《韬奋的道路》，第186—187页）

此后，《生活》周刊的境况愈发艰难。先是被禁止邮递，后是在几个省被禁止发行。再后来，一些御用的无耻文丐一再造谣，诬蔑韬奋是国家主义派，是什么国家社会党，造谣说韬奋准备携巨款溜到外国去，等等。韬奋面对打压和流言蜚语，态度异常坚定。他说："本刊同人自痛遭无理压迫以来，所始终自勉者：一为必挣扎奋斗至最后一步；二为宁为保全人格报格而绝不为不义屈。"（《韬奋全集》第五卷，第440页）一年多后，韬奋被迫出国流亡考察，不久，《生活》周刊又被国民党政府查封，但韬奋始终没有丝毫的屈服。

几年后，韬奋把新创刊的《大众生活》周刊办得更为出色，在"一二·九"运动中影响遍及全国，于是又招来了国民党高层官员的"关照"。这次来的两位是特务头目，一是国民党特务组织复兴社的总书记刘健群，一是国民党 CC 系头目张道藩。他们要韬奋在出版界的朋友、诗人邵洵美做中间人，约韬奋于某晚到邵洵美家见面。

韬奋向来襟怀坦白，无所畏惧，应约前往。张道藩早年在法国学过油画，能说会道，一个人竟说了三个小时，韬奋听了却完全不得要领。刘健群说的无非是法西斯主义那一套邪说谬论，他威胁道："老实说，今日蒋介石杀一个韬奋，绝对不会发生什么问题，将来得到领袖的脑壳妙用一发生，什么国家大事都一概解决，那时看来今日被杀的韬奋不过白死而已！"

韬奋当场坚定回应道："我不参加救亡运动则已，既参加救亡运动，必尽力站在最前线，个人生死早置度外！"他还说："政府既有决心保卫国土，即须停止内战，团结全国一致御侮，否则高嚷准备，实属南辕北辙。"

谈话一直持续到次日凌晨一两点钟，韬奋起身告辞，不卑不亢地离去，撇下两位国民党要员，一时无计可施。

不久，上海滩青帮头子杜月笙来找韬奋，传达蒋介石的命令，他将"亲自陪送"韬奋前往南京面见蒋介石。杜月笙向韬奋拍胸脯保证："有我杜某陪你同往，又陪你回来，安全绝对没有问题。"韬奋久居上海，对杜月笙在上海滩的势力和人品都很清楚，可以说其势力不可小觑，其人品不可信托。韬奋同救国会的几位负责人商量后，认为还是不能前往。韬奋把不去南京的决定告诉杜月笙后，杜月笙很不痛快，却也无奈。原计划韬奋当晚就应该乘火车前往南京，第二天清晨时任复兴社特务处处长的戴笠在南京接站。事后听说，戴笠从车站败兴而回，途中适遭倾盆大雨，道路溜滑，车子倾覆，弄得全身污泥。

几年后，韬奋在重庆碰到国民党要员张群，张群在谈话中无意间透露道："蒋先生实在是非常重视人才的，那次约你到南京面谈，就因为陈布雷太忙，要请你留在南京帮帮陈布雷的忙。"如此看来，蒋介石打的是"不为所用，即为所有"的主意，要逼迫韬奋归顺，成为"陈布雷第二"。

当然，国民党政府不会就此认输，1936 年 2 月 29 日，《大众生活》周刊又被勒令停刊，韬奋只好前往香港避祸。在《大众生活》的最后一期上，韬奋发表声明："我个人既是中华民族的一分子，共同努力救此垂危的民族是每个分子所应负起的责任，我绝不消极，绝不抛弃责任，虽千磨万折历尽艰辛，还是要尽我的心力，和全国大众向着抗敌救亡的大目标继续迈进。"（穆欣，《邹韬奋》，第 175—178 页）

1937 年全面抗战爆发，生活书店有了迅速的发展，成为抗战出版的重镇。分布很广的分支店，发挥着宣传团结抗战、主张民主进步、团结服务读者的重要作用。对于韬奋事业的成功，蒋介石起初总是不相信，当年说《生活》周刊销售数有十多万册，他很怀疑，让人调查后，才予确信。彼时生活书店的发展更是令他很不放心。在重庆，国民党高官和特务机构开始对生活书店施加压力。1940 年 6 月，他们派出几个会计专家突然来书店总管理处查账，检查是否领取共产党津贴，结果毫无所获。随后，国民党主管文化出版的刘百闵出面与韬奋做最后的谈判。刘百闵提出生活书店与国民党主办的正中书局、独立出版社"联合"或"合并"，成立总管理处，请邹韬奋主持，管理所属三个出版机构，各店对外的名称保持不变。但邹韬奋表示，所谓联合与合并，不过是消灭与吞并的别名罢了，绝对不能接受。刘百闵又提出另一个方案，即政府向生活书店注资成为股东，派两个人挂个空职"监督"，让政府放心。邹韬奋又严词拒绝，理由是：民办事业是国家法律所允许的，生活书店一向遵守法令，已经接受法律监督，不能再接受派人"监督"。刘百闵最后摊牌说，这是蒋介石总裁的主意，不能违反，邹韬奋则回以"宁为玉碎，不为瓦全"。谈判宣告破裂。

接下来，生活书店各地分店相继被查封。"皖南事变"后，韬奋辞去国民参政会议员，秘密离开重庆，以示对国民党分裂主义行径和文化专制主义的抗议，他真正做到了"宁为玉碎，不为瓦全"，保持了一个爱国爱人民、追求民主进步的知识分子的气节。

5. 小结之三

韬奋从事新闻出版工作的近二十年间，发生在他周围和他的新闻出版机构中的斗争几乎一直是接踵而至。尤其是在生活书店数十家分店一个又一个被查抄、被封门那些日子里，韬奋几乎每天一大早就急着要听取值班人员关于某分店被查抄的报告。尽管如此，韬奋毫不动摇，一如既往地斗争，绝不妥协。他有一颗不屈的灵魂，是不会被打败的。就像美国作家海明威的著名小说《老人与海》中那位与鲨鱼搏斗的老人，即便捕获的大马林鱼最终被鲨鱼吃光，老人拖回海岸的只是一副光秃秃的鱼骨架，海明威依然认为老人是胜利者，因为他始终没有向大海，没有向大马林鱼，更没有向鲨鱼妥协和投降——他做了殊死的搏斗，他永不妥协。用小说中老人的话来说："一个人并不是生来就要被打败的。人尽可以被毁灭，但却不能被打败。"也正如音乐大师贝多芬所说："我可以被摧毁，但我不能被征服。"韬奋的事业可以一次次地被摧毁，但他始终没有被征服，而且，他是一直迎着斗争而上的。

不熟悉韬奋的人，也许会误以为他是一个性格偏激的知识分子，以为他为人不够宽容。倘若如此，那就大错特错了。韬奋身体偏于文弱，总是在忙于写作和编辑事务，可他活泼、热情、谦虚、认真、踏实、平易近人的性格却是有口皆碑的，他甚至还喜欢在朋友同事们的聚会上忽然做一些戏谑逗乐的表演，给大家送去开心一刻。茅盾先生曾经在《永远年轻的韬奋先生》一文中回忆道："对人的亲切，热情，对事的认真，踏实，想到任何应该办的事便马上去办，既办以后便用全副精神以求办得快，办得好，想到人世间一切黑暗和罪恶便激愤得坐立不定，看到卑劣无耻残暴而又惯于说谎的小人，满嘴漂亮话而心事不堪一问的伪善者，便觉得难与共戴一天——这些都是韬奋先生的永远令人敬佩之处，然而，我以为最可爱者仍是他那一点始终保持着的天真！"（邹嘉骊，《忆韬奋》，第9页）韬奋爱憎分明的性格，使得他永远拥有许多事业上的同道友好相伴，更有许多优秀青年一直追随左右；与此同时，也一直有着某些邪恶力量诅咒他，加害于他。然而，也正因为如此，他愈发憎恨一切迫害美好事物的罪恶行径，愈发对无耻残暴的邪恶力量嫉恶如仇。

我们只有了解了韬奋的性格和为人，才能深刻理解韬奋，理解韬奋不屈的斗争精神是来自他对人民的爱，对祖国的爱，来自他对民族危难的如焚之心，来自他对人民大众苦难的义愤填膺，来自他对一切不民主不平等现象的憎恶。有大爱才有大恨。韬奋对人民、对祖国、对进步正义有着如此深厚的大爱，才会对迫害人民、损害祖国、反对进步正义的丑恶行为进行坚决的斗争。他不能容忍日本侵略者野蛮屠杀中国军民的济南"五三"惨案，不能不表现出前所未有的激愤。他不能容忍一部美国大片公然丑化中国人，更不能容忍某些卑劣的国人不以为耻，反以为荣，对爱国观众的肆意凌辱。他不能容忍贪官污吏搜刮民脂民膏，以不义之财过着穷奢极侈的生活。他也不能接受贪官污吏金钱的贿赂，他认为这是对他最大的玷污。他还不能容忍他曾经友好交往过的思想学术界名人，国家的大敌当前，却一味鼓吹求和，消解民族斗志，有害于抗日救亡运动。他更不能容忍破坏团结抗战、抵制民主进步的黑暗势力肆意妄为，不能容忍那些投降分裂、独裁专制的罪恶行径，并且义无反顾地与他们分道扬镳。为了坚持斗争，他遭受过身陷囹圄的磨难，面对过无数次生命危险的威胁，一次又一次地被迫流亡海外，然而，绝不妥协仍然是他始终不变的态度，为正义而斗争是他永远的使命和担当。韬奋的斗争精神，不仅在他所处的时代成为爱国进步知识分子的楷模，也是人民新闻出版事业永远飘扬的一面旗帜，更是中华民族优良传统中"威武不能屈"的又一个光辉典范。

第四讲

善
经
营

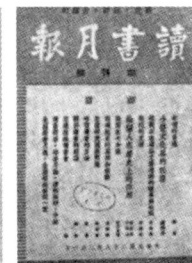

生活书店陆续刊行的部分杂志。

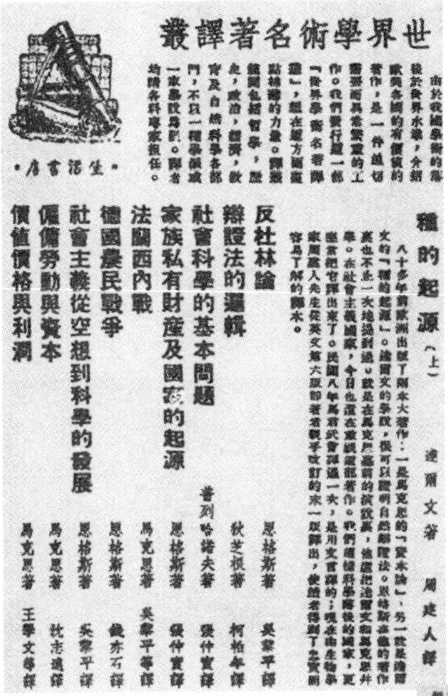

生活书店发行《世界学术名著译丛》的广告。

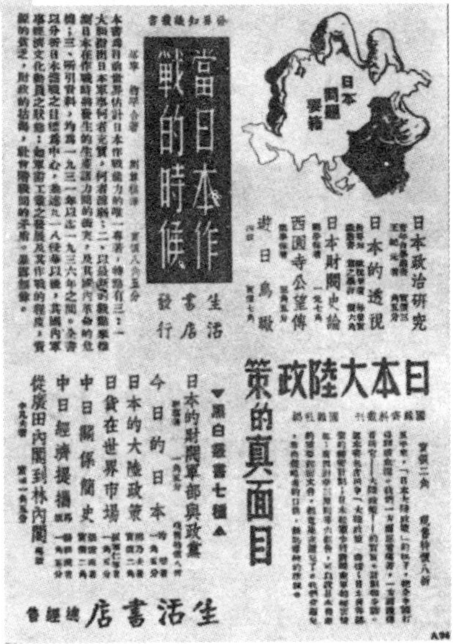

生活书店配合抗战需要，出版了数十种研究日本问题的书籍。

生活书店出版的部分马列主义著作。

1. 根本还是在内容

关于书刊出版经营方面的理念，韬奋在《经历》一书中有过相当全面的记述。他认为其中最重要的就是创造的精神，而创造的精神则主要在于内容。在该书"几个原则"这一章里，他开宗明义强调的是"要有创造的精神"，在比较全面地谈到几个方面的原则之后，最后还突出强调道："但是根本还是在刊物的内容。内容如果真能使读者感到满意，或至少有相当的满意，推广的前途是不足虑的。否则推广方面愈用工夫，结果反而愈糟，因为读者感觉到宣传的名不副实，一看之后就不想再看，反而阻碍了未来的推广的效能。"（三联书店，《韬奋》，第 197 页）可见，在韬奋看来，他所提倡的竭诚为读者服务，首先要从出版物的内容上去做好服务。

韬奋接办《生活》周刊后，最重要的改革就是加强内容的趣味性，同等重要的是加强内容的趣味性与价值性的契合。他主张尽量"多登新颖有趣之文字"，"力求精警而避陈腐"，并且开宗明义，在报头上用大字标出"有价值、有趣味的周刊"，这既是为了吸引更多的读者，也是对办刊者的一种自励。那么，什么是韬奋所主张的新颖有趣的文字呢？

韬奋认为，最有趣的是事实，最没趣的是空论。他说："空论是最没有趣味的，'雅俗共赏'是最有趣味的事实。"（三联书店，《韬奋》，第186页）为此，他一再要求通讯员和作者多报道事实，少发表空论。他如此期待事实，以至于在征文启事中广而告之，只要有值得发表的事实，不必计及文之工拙，文字润饰可以由刊物编辑担任，这在报刊史上实属罕见。在韬奋的主持下，《生活》周刊不仅报道、通讯都生动有趣，内容越来越丰富，就是他自己撰写的"小言论""专论"等，也均言之有据，坚持有感而发，文字论述生动活泼。（陈挥，《韬奋评传》，第85页）

　　那么，什么才是韬奋认为最有趣的事实呢？归纳起来，主要有：

　　一是事实要鲜活。1926年7月至1927年5月，胡适做了十个月的欧美旅行，经日本回国后不久，韬奋就在《生活》周刊上发表《胡适之先生最近回国的言论》，介绍胡适归国后发表的演说。文章写得轻松有趣："胡适之先生最近在上海的'美国大学俱乐部'有很重要的演说。当时中西会员到者数百人，胡先生的演说辞诙谐动人，逸趣横生，听来笑声不绝。""胡先生实将伍廷芳之诙谐，和英国批评家吉斯得顿之辩才，冶为一炉。"他还有意识地把胡适的重要论断摘引给读者："我们要改变生活，唯一的途径是要改变生活的方法。近代的生活须要物质的生活。生活上所以能有这样的变化，是由于利用科学和工业技术的功效。"这些内容对于读者而言无疑是很鲜活的。同样鲜活的事实还有，胡适在1932年10月9日出版的《独立评论》上发文，赞扬公然鼓吹"满洲自治"和"国际共管"的国联调查报告，韬奋立即在10月15日出版的《生活》周刊上撰文，严厉批评国联调查报告，发表了与胡适截然不同的意见，表达了对国联调查报告极大的反感。又如，《生活》周刊发表了《丹麦改良农村之基本方法》《革新潮流中之日本妇女》《震动世界的一个小孩子》《宋美龄女士婚史的片段》《蒋前司令的离婚问题》《潘公展先生在北京入狱记》等，都是一些读者感兴趣的鲜活的事实。经过几年的改革和实践，《生活》逐渐改造成为以新闻评述性质为主的周刊，更为注意事实的新闻性，以至于"九一八"事变后，周刊最先发声，最先评论，发出抗日救亡的呼声。

二是事实要吸引人。凡吸引人的事实，无不是人们感兴趣的东西。因此，韬奋认为，新闻出版工作最需要了解哪些事情是当前读者最关心的，哪些是读者最想知道的，而且，这些读者所最关心的事情还总是在不断变化的，是没有什么公式可以规定出来的。他接办《生活》周刊之初，读者主要是职业青年，他们的阅读比较侧重于职业修养、职业教育。因此，仅1926年10月到1927年10月，《生活》周刊就发表了几十篇论述服务的"条件"（才干、学问、德性、见识、态度、体魄）、服务所需要的"性情"（耐劳苦、有礼貌、负责、服从、合作、俭朴、无恶嗜好、无奢望）和与此相关的其他文章。这些内容对于准备踏上工作岗位和刚刚走上工作岗位的青年来说，是很新鲜也是很需要了解的，所以《生活》周刊很快就受到广大读者的欢迎。

随着青年生活的发展，青年的注意力逐步扩展到社会生活的各个方面，社会不公和社会黑暗面，很快引起广大青年特别是底层青年的强烈关注。青年们可谓"家事、国事、天下事,事事关心",社会问题、政治问题、国家大事必然成为《生活》周刊要及时反映的内容。特别是"九一八"事变前夕,战争的腥风血雨正在日日逼近,中日关系越来越受到广大读者的强烈关注。韬奋在这方面是与人民大众同仇敌忾的,他在《生活》周刊上连续发表多篇揭露日本帝国主义罪恶行为的文章。"九一八"事变发生及"一·二八"淞沪抗战爆发后,《生活》周刊抗日和救亡的呐喊声响彻中华大地的上空,韬奋的文章牵动了全社会的神经,人人以先睹为快,《生活》周刊一时洛阳纸贵,发行量飙升至十五万册。

三是事实要有价值。韬奋强调刊物要有趣味,同时也强调要有价值,主张二者要相互契合。他反对纯粹的趣味性。他说:"材料的内容,仅有'有趣味'的事实还不够,同时还须'有价值'。"(三联书店,《韬奋》,第187页)当时上海滩小报盛行,常有一些小报以"淫辞秽语,引诱青年",韬奋是坚决反对的。他剖析道:"小报之所以盛行,'闲时消遣'确是大原因;其次的原因,就是小报里面多说'俏皮话',或不易听见的'秘密消息',大足以'寻开心';再次的便是极不好的原因了。这原因就是近于'诲淫诲盗'的材料,迎合一般卑下的心理……那就无疑的应在'打倒'之列!"(《韬奋全集》第一卷,第694页)韬奋也反对有价值而无趣味。他对《生活》周刊的内容,无论长文还是短论,无论标题还是插图,都多方设计,多方推敲,可谓殚精竭虑,呕心沥血。

后世不少研究者认为,韬奋的书刊出版经营之所以取得卓越的成功,主要原因是服务读者比起其他同业要胜出一筹。这个看法有相当的道理，然而也有不够完全的地方。韬奋的书刊出版经营，始终是以内容生产为根本的。《生活》周刊如此，《大众生活》周刊如此，《生活星期刊》《全民抗战》周刊等均如此，生活书店也是如此。

宣传进步的思想文化，出版进步出版物，是生活书店的一贯方针。抗日战争前，国民党当局实行文化专制，这类出版物的出版非常困难，生活书店只能在《青年自学丛书》中安排一些启蒙读物。一些文化价值较高的选题，如《邓肯自传》《我与文学》《文艺笔谈》《中国的水神》《中国娼妓史》《中国蚕丝业与社会化经营》等，都是受到青年读者特别喜爱的进步图书。

韬奋有意识地策划过一些具有大众文化特色的选题以吸引广大青年读者。他邀请茅盾主编的《中国的一日》即是一项创举。韬奋和茅盾商议，开展一次全国性征文，以达到反映全国各地民众抗日要求，与当局的不抵抗政策作一对照，也可以向读者介绍在这国家生死存亡之际，全国的黑暗面与光明面。茅盾非常赞同韬奋的提议，于是两人商定了此书所要记述具体的日期（定为1936年5月21日，暗中含有纪念震惊中外的"马日事变"的意思）。编委会发出征文启事，邀约社会各界人士，把这一天的所见所闻所感记录下来，使之成为中国社会的一个横断面。这一征文出版活动引起轰动，除少数著名作家参与征文外，大多数来稿均出自工人、教员、学生、警察、士兵和农民等普通大众之手。全书八十余万字，还收录插图七十余幅，其中木刻作品由鲁迅选定，以反映当时中国社会生活的实况。此书的出版成为当时文化界、出版界的盛举。它是我国现代文学中第一部大型报告文学集，是"一日"型出版物的父本和母本，持续影响着中国文化界、出版界。

生活书店真正有大的发展，也是在1938年前后韬奋直接主持生活书店的编辑出版和事业发展之际。韬奋为生活书店确定了编辑出版方针，即：出版学术研究参考用书，但偏重救亡理论读物的出版；出版大众读物；出版战时读物。这些方针贴近现实，体现时代精神，贴近读者，"竭诚为读者服务"，无疑是十分有效的。为了落实编辑出版方针，他主持成立了生活书店阵容强大的编审委员会，使得生活书店在内容资源的发掘和书刊的出版方面站到了一个较高的专业平台上，成为同业内出版品种数量此后一个时期的领先者。抗战初期，广大读者急需进步读物，生活书店把读者的图书需求进行科学分层，分为高级、中级、时事、通俗读物、工具书五类。两种畅销书《战时读本》和《大众读物》，每种都销售到数百万册，创造了战时图书出版发行的奇迹，其最重要的原因就是生活书店针对当时形势的发展和广大读者的需要，按照通俗读物的可读性要求，精心组织编写和宣传。在1937年全面抗战开始后的三年时间里，生活书店不仅根据当时抗战形势出版了《抗战前途与游击战争》《津浦北线血战记》《近六十年来的中日关系》等应急新书，同时也还出版了许多青年读者的学习用书，如《什么是新启蒙运动》《近代中国启蒙运动史》《艺术与社会生活》《近代中国经济史》《政治原理与经济原理之关系》等。而最值得称道的是，生活书店的"中国文化丛书"在抗战时期的武汉点亮了一盏盏明灯。这套丛书收入了洛甫的《中国革命史》、李富春的《抗日军队中的政治工作》、郭化若的《抗日战争的战略问题》、何干之的《中国的经济社会结构》、艾思奇的《中国化的辩证法》等。这些作者都是中国共产党和八路军的高级干部，尽管当时是抗日统一战线时期，可生活书店能不失时机地集中出版，也真可谓有胆有识。同时，生活书店还出版了介绍游击战争方面的读物十余种，其中有朱德的《抗日游击战争》、毛泽东的《抗日游击战争的一般问题》和《抗日游击战争的战略问题》、郭化若的《抗日游击战争的战术问题》等，都受到读者的热烈欢迎。毛泽东的名著《论持久战》也是生活书店以中国出版社的名义出版后大量印刷发行，对抗战大局产生了很大影响。在这一时期，生活书店还出版了一本署名廉臣的《随军西征记》，内容是记述作者在二万五千里长征中的亲身经历。后来才知道，廉臣就是陈云，这本书是他于遵义会议后写作的。生活书店因而为红军长征保留了一份极为珍贵的历史文献。

　　"根本还是在内容"，韬奋就是这样在读者中间建立起了宝贵的信誉。《生活》周刊之后有了生活书店，接着又有了《大众生活》《生活日报》《生活星期刊》《抗战》《全民抗战》等等，尽管刊物的名称不断变化，可只要刊物上面登载着韬奋的文章，立刻就有销路。从国内各阶层到海外侨胞，无数的青年人都把韬奋创办的刊物，当作不可缺少的精神食粮。"各地读者常常怀着感激的心情写信给他，感谢《抗战》和《全民抗战》这些刊物引导他们进步的功绩。一个叫石斧的青年读者从河南省广武县来信说：'我每一次接到它都是紧张地愉快地一口气把它读完，得到了这些精神上的滋养，我慢慢地感觉到自己的身心于无形中健壮起来，对于国内国际的形势和各种重要的问题有了比较正确的认识，对于抗战前途有了胜利的信心，同时我就逐渐觉悟到在这争取民族解放的大时代里，我也应该拿出自己所可能尽力的力量来。'"一位叫汪志一的士兵从火线上写信来说，他执笔写文章，比冲锋还要觉得困难，当费了九牛二虎之力得到《抗战》第六十二号，看了上面登载的《怎样使官长士兵化》这篇文章时，"士兵同志雀跃三百"（穆欣，《邹韬奋》，第268—269页）。这就是出版物的吸引力首先来自于内容的明证。"根本还是在内容"，从本质上道出了新闻出版工作的基本规律。从《生活》周刊的巨大影响到生活书店的成立、发展、壮大，我们可以理解到其所凭借的一个重要条件：内容。就是因为有了那么丰富的有吸引力的宝贵内容，才可能吸引那么广大的读者支持生活书店，拥护生活书店，对生活书店不离不弃，从而实现了生活书店事业更大的发展。

2. 把读者服务做到极致

我们说韬奋提倡"竭诚为读者服务"，是他真诚地为人民服务最突出的表现，这是就其精神导向和价值而言。即便从书刊出版经营的基本要求来看，"竭诚为读者服务"也达到了出版经营的很高境界。从出版市场营销学的基本原理来说，读者是出版市场营销的对象，没有读者就没有出版营销的必要，因而，发展读者、服务读者应当是出版营销不可或缺的任务。出版人"竭诚"去做好读者服务工作，就是把这项不可或缺的任务做到了十分完美的地步。

韬奋从涉足新闻出版业开始，就深刻认识到读者对象的重要价值和意义。他首先通过刊物内容的出发点来表明《生活》周刊基本的读者对象。在《本刊与民众——本刊动机的重要说明》一文中他明确宣布："本刊的动机完全以民众的福利为前提。"他接着说："什么是民众？这虽没有一定的界说，我以为搜刮民膏摧残国势的军阀与贪官污吏不在内；兴风作浪，朝秦暮楚，惟个人私利是图的无耻政客不在内；虐待职工，不顾人道主义的残酷资本家不在内；徒赖遗产，除衣食住及无谓消遣以外，对于人群丝毫无益的蠹虫也不在内。除此之外，一般有正当职业或正准备加入正当职业的平民都在内；尤其是这般人里面受恶制度压迫特甚的部分。"（穆欣，《邹韬奋》，第58页）从一开始，韬奋就明确了刊物的读者对象。这一明确过程，不仅是确定刊物的立场、宗旨、风格的过程，也是建立读者服务模式，提高营销能力的必要前提。

明确读者对象后，就要有意识地建立起刊物与读者的共生关系，使得读者对于刊物的亲和力不断增强。《生活》周刊既然已经确认了为民众的宗旨，而且确认不予服务的非民众的少数人，那么，刊物的平民性特点就已然十分突出。刊物与平民们的共生关系需要有自己的特点，那就是精神服务与实际帮助的结合。刊物从各个方面来帮助民众排解精神上的各种困难。对于读者精神上的需求，《生活》周刊设立了"信箱"栏目，把有代表性的读者诉求刊载出来，通过编辑的解答，帮助读者本人，也帮助大家来共同理解。处理这些工作的过程，就是发展和巩固读者的过程，得到体贴、关心的读者会成为刊物的忠实读者。生活书店的老员工薛迪畅这样回忆韬奋感召读者的事迹，他写道："二十年来，先生不仅以进步的思想和勇敢的行动，感召了万千读者群，且更以实事求是的精神，认真而周到地，帮助读者们解决了许许多多在学习上、工作上以至在日常生活上的疑难问题。记得在上海的时候，有一位苏州青年许君，简直把先生当作私人顾问，不论什么问题，都要先生替他解答。同仁们都感到不胜其烦，但先生却每信必复，循循善诱，从无半点倦意。抗战开始后，那位地主出身的青年，终于在先生的影响下，毅然自动投入抗战的洪流，成为一员反法西斯的战士。"（邹嘉骊，《忆韬奋》，第35页）这只是许多例子中的一个，但十分典型：在同仁们都不胜其烦的时候，韬奋却一直耐心地友好相待，使得这个例子成为一个成功例子。读者服务常常无形而又有形，倘若当时韬奋因为不胜其烦而放弃那位读者，那位读者因为受到冷落离《生活》周刊而去，周刊方面暂时可能没有负面的感觉，可是，此类负面关系一旦累积过多，就会产生多米诺效应，最后导致其社会信誉的失败。在书刊经营中，读者服务的信誉结果往往就是这样形成的。

作为一位"永远立于大众立场"的新闻出版家，作为一位新闻出版事业的成败时刻萦绕心头的经营者，无论在什么困难的情况下，韬奋都不会忘记保持与读者的联系。在武汉时，每天都有三四十封读者来信送到他的面前，尽管工作十分繁忙，韬奋还是要亲笔作复，有的信甚至写到两三千字。别的编辑执笔答复的信件，寄出前也都要让韬奋审阅，最后郑重签上自己的名字。那时，每天还会有五六起甚至十来起青年慕名来访的事。他们有的是报国无门，有的是遭受社会不公待遇，有的是陷入人生彷徨苦闷的境地，韬奋都一一热诚地给予指点、鼓励和安慰。"生活"已经成为那个时期青年读者最为向往的地方。在那里，无论是去信还是拜访，都能受到亲人一般的对待。生活书店后来出版了《信箱外集》，共五册，近百万字之巨，收入了多年来读者函询而经韬奋解答的许多疑难问题。《信箱外集》的文字，全都是那么和风细雨，总是那样娓娓道来，一径是这样体贴入微。即便对于一些帮助解决生活上实际困难的请求，回复也都是千方百计地尽可能做好。可以说，《生活》周刊十五万份的发行量，《大众生活》周刊二十万份、《全民抗战》三十万份的发行量，以及生活书店千百万的读者，正是以这样的亲和力和共生关系得以实现的。

韬奋要求生活书店的各分支书店都要把接待读者的工作当作本职工作做好。以至于，那时有些知识青年，报国无门，走投无路，夜色降临，彷徨街头，生活书店就是他们最放心的去处。韬奋曾充满感情地回忆起许多读者把生活书店当成他们的"家"的情景："每到一个地方，只须知道那个地方有'生活'分店，他们往往总要想到'生活'；人地生疏，想起'生活'，往那里跑；认不得路，想起'生活'，往那里跑；找不到旅馆，想起'生活'，往那里跑；买不到车票或船票，想起'生活'，也往那里跑，请有信暂为留下转交，以便自己来取。"（《韬奋全集》第十卷，第347页）生活书店对于读者的服务，已经远远超出一个出版机构通常所及的范围。像这样的出版发行机构，读者的向心力自然而然不断地得到加强，读者群的稳固性一定会超乎常态。

韬奋不仅要求"生活"的所有工作人员要把服务态度放在重

要地位，还十分重视他们的服务质量，认为这将涉及服务工作是否真正负责任。有一次，韬奋的一位朋友到生活书店买书，问到某一种书，门市部的营业员回答说没有，结果读者自己在书架上找到了这本书。韬奋知道后，就用这个例子来教育生活书店的同仁。他用非常务实的关系学说来说明服务的重要性。他说："我们对外应有的态度，是在实践上——不是在口头上——'发展服务精神'，要替本店创造无数的好朋友，不要替本店创造无数的冤家！"（《韬奋全集》第九卷，第680页）

韬奋所主张的服务精神，既出于他立于大众的立场，出于他真诚地为人民服务的精神，也出于他对新闻出版事业经营上的具体考虑，由此而形成的亲和力和共生关系，必定是可持续的。著名作家端木蕻良有过一段生动的回忆。1935年，端木蕻良还是清华大学的学生，参加"一二·九"运动后，来到上海。作为文学青年，他慕名拜访韬奋。韬奋告诉他："生活书店为什么会越来越大呢？这就得'感谢'国民党了，我们才出几期，他就要我们停刊。但是，广大读者是支持我们的，一订就是一年。知道《生活》被国民党逼迫停刊，都来信说：'不要你们退款。订《生活》的款子就捐给你们了，连封感谢信也不要你们破费，你们什么时候重新出，我们什么时候再寄钱向你们重新订。'这样，生活书店就越来越大了。所以，生活书店应该是属于人民的！"（邹嘉骊，《忆韬奋》，第285页）

因为"生活"与读者有着可持续的亲和力和共生关系，韬奋经常与读者发生令人难忘的奇遇。

一次奇遇发生在1936年11月。当时"七君子事件"发生，一开始七人被分别关押在不同的地方，韬奋和章乃器二人被关押在上海的一座看守所。这座看守所里的囚犯大都是青年人，不少是"生活"的读者，听说韬奋与他们同监，都十分激动。有的坚持要把好床位让给韬奋，自己宁愿睡地板；有的一夜没睡，写来长信，充满着热烈和挚爱的情绪；还有的不怎么会写作，仍然自动地在一张小纸片上写了几十个字交给韬奋，虽然好像文理不通，但依然表达了抗日救国的热情和对韬奋他们被捕的义愤。这些青年难友，还主动起来捍卫韬奋他们的尊严，要求看守们不能呼叫邹先生、章先生的囚犯号码，而必须以某某先生称呼。其实，就是看守所的职员中，也有不少对韬奋他们被捕表示同情的。后来韬奋还听说，全监九百多个囚犯，为声援绥远前线抗日的战士，决定全体绝食一天。这不能不让人联想到，是"生活"的影响力，使得许多读者愿意与韬奋同仇敌忾，共赴国难。

还有一次奇遇发生在 1938 年 10 月。当时武汉紧急大撤退，韬奋带领助手们携带大量稿件准备乘飞机去重庆。他当时最担心的就是遇上军警检查行李，万一行李中许多批评当局的文稿被他们发现并查封，损失可就太大了。正在担心之间，这时竟有两个宪兵朝他们走来。韬奋心想情况太糟了，只好镇静地相机行事。两个宪兵居然满面笑容，老远就向韬奋敬礼，热情地喊着"韬奋先生！"韬奋觉得情况不妙，装作根本不知道他们呼唤谁，置之不理。两个年轻的宪兵走到他跟前，继续对着他叫韬奋先生。韬奋依然十分冷漠，就是不理睬他们。一位宪兵突然失望地说："你不要以为我们是坏人，我们都是你的读者。"说着竟然难过得哭了起来，说："你不要遗弃我们，我们至死也要跟着先生走。"其中一个一面招待韬奋喝水，一面流着泪说："我们从前都是大夏大学的学生，永远跟你韬奋先生走的。"韬奋这才知道误会了，立刻改变态度，伸出手来跟他们握手，反过来安慰他们。韬奋从与二位宪兵读者的交谈中，知道果然是当局接到韬奋买机票的情报后，指令值班宪兵要加紧对他进行检查，他俩正在担心不知谁在那天值日。不料韬奋提前三天离开，刚好又遇上他俩值班，自己终于可以帮助韬奋顺利登机了。当飞机徐徐上升的时候，韬奋很是感慨地对同伴们说："我们的辛苦不白费，到处都有我们的朋友。"又说："中国革命一定胜利，只要看这一代青年的心就可保证。"

3. 用精神和品德来团结作者

一个出版者，要开展自己的出版事业，首先要找到读者，与此同时，还得找到作者，只有与作者、读者密切配合，出版事业方可能成为现实，从而取得应有的成效。

韬奋的重要助手徐伯昕对生活书店的成功有一个解释。徐伯昕说："生活书店的建设和发展靠三方面的力量：著作人、作家的合作支持；读者的信任和爱护；书店本身干部的勤劳和努力。讲到著作人、作家的合作和支持，《文学》月刊所团结和联系的文艺家和文艺评论家，《世界知识》半月刊所团结和联系的一批研究国际问题和社会科学的专家学者，实际上形成书店编辑工作

的两大支柱。"（生活书店史稿编辑委员会，《生活书店史稿》，第 98 页）

徐伯昕所说的两大支柱，前者主要是一批加入"中国左翼作家联盟"（即"左联"）的作家，后者主要是来自"中国社会科学家联盟"（即"社联"）的专家学者。韬奋与这两大团体都有较好的交往，更重要的是得益于他的亲密战友胡愈之的有力支持。

韬奋办刊开店，围绕在周围的作者可谓群贤毕至，胜友如云。单是加盟书店紧密合作的张仲实、金仲华、钱俊瑞、钱亦石、杜重远、毕云程、艾寒松、王纪元、林默涵等作者就具有很强的实力，更何况长期在店外替书店编辑刊物和撰写书稿的作者更是一个十分强大的阵容，主要有胡愈之、茅盾、郑振铎、傅东华、陈望道、黄源、沈启予、沙千里、徐步、史枚、徐懋庸、张庚等。还有一支为书店撰稿的著名作者队伍，更是遍布各地，主要有鲁迅、夏衍、姜君辰、章乃器、夏征农、李公朴、沈志远、戈公振、戈宝权、艾思奇、柳湜、胡绳、薛暮桥、刘思慕、胡仲持、冯宾符、郑森禹、羊枣、邵宗汉、张明养、巴金、郁达夫、叶圣陶、老舍、张天翼、王任叔、黎烈文、端木蕻良等等。这个强大的作者群，与韬奋交往多年，其中许多人与韬奋称得上是志同道合的文坛挚友。

书店与作者的合作，志同道合固然是重要前提和基础，然而，大多数作者毕竟是个体脑力劳动者，不是一个团体的号召或一呼百应就能形成良好合作的，这就需要书店的主要负责人认真做好团结和组织工作。那么，韬奋主要是通过什么办法使得大家真心支持生活书店的呢？

韬奋对读者是竭诚服务，对作者则是友好合作。正如著名作家夏衍所评价的："韬奋的特点是用他的精神和品德来团结作者和读者。"（陈挥，《韬奋评传》，第 159 页）韬奋在他的出版生涯里，与大量的优秀作者合作过，他的精神和品德受到一致的赞扬。

　　事实上，上述一大批知名作者，并非一开始就属于生活书店的作者群。其中还有一些作者原先在写作上并没有多少名气，是在韬奋的热情推动、邀约下，经过个人的努力，才逐步成为有影响的作者的。《生活》周刊从韬奋接办的第二年起设立了"国外通讯"专栏，韬奋为此从在世界各国的留学生中遴选了几十名写作人才，聘为特约通讯员，其中就有后来影响较大的李公朴、徐玉文、戈宝权、王光祈等人。李公朴是在 1928 年 8 月赴美留学途经上海时认识韬奋并受聘为特约通讯员的。起初，韬奋把李公朴的美国来信改编成通讯稿件在《生活》周刊上发表，后来，在韬奋的鼓励、催促下，李公朴就经常从美国直接寄来稿件，发表后颇受读者欢迎。徐玉文原来就是《生活》周刊的读者，1928年赴日留学不久，写了一篇稿件寄给《生活》周刊，立刻被韬奋看中，聘为特约通讯员，从此一发而不可收，成为来稿最多的通讯员。有一段时间，《生活》周刊几乎每期都刊载一篇她的来稿。

　　不少青年作者在韬奋的鼓励下迅速成长起来。毕云程原先只是韬奋的朋友，自觉文化程度不高，没有想过要写作。鉴于对他的了解，韬奋鼓励他大胆地写。经过一些时候的锻炼，他竟然成了《生活》周刊第一个特约撰稿人。韬奋一直用心帮助毕云程，让他边做边学，边学边做，不断改进，不断提高，很快成为一位颇具独立见解的作者。艾寒松的成长更富有传奇性。艾寒松是复旦大学肄业生，从未与韬奋谋面，只因喜欢《生活》周刊，对韬奋特别佩服，就用了化名写了一封长信给韬奋。韬奋读到艾寒松的来信，很满意，复信约他到周刊社来面谈交流。韬奋看到来信用的是复旦大学的信封，复信就寄往复旦大学的传达室。传达室由于找不到收信人，就把韬奋的回信作为待领信件搁在那里。韬奋久等不见伊人，无奈爱才心切，就在《生活》周刊上发出一封致艾寒松的信，请他到周刊社面谈。艾寒松恰好也没读到这封信。直到某一天，艾寒松走过传达室门口，偶然看到这封待领信件，真感到喜从天降，赶紧找到《生活》周刊社。韬奋喜出望外，热情接待。两人经过一番交谈，大有一拍即合之感，韬奋当场邀请艾寒松来《生活》周刊工作。艾寒松欣然应召。后来，艾寒松在《生活》周刊发挥了很大作用，除了勤勤恳恳编选了一册又一册"小言论"汇编本和"读者信箱"汇编本，陆续出版，形成更大影响外，在《生活》周刊晚期，还撰写了一系列介绍社会主义的文章，使得周刊顿时别开生面，受到青年读者的特别喜爱。在韬奋被迫流亡国外的两年多里，艾寒松一直代替韬奋主持周刊的编务。《生活》周刊被封后，他又和杜重远共同创办了《新生》周刊。

出版者和作者的关系，可谓唇齿相依。从作品创作的过程来看，作者自然地处于出版的前端，具有写作的主动性，可是从出版物出版的过程来看，出版者又掌握着经营的主导权。这二者间需要协调互助。当时，不少作者靠卖文为生，平时没有固定工资收入，生活境况十分窘迫。韬奋领导下的"生活"对作者的生活境况十分理解，凡作者有求则书店必应，杜绝发生店大欺客，让作者苦等稿酬以至于生活难以为继的窘境。李公朴和王光祈在国外留学时经济情况非常窘迫，他们的稿子一旦寄到，只要韬奋认为可用，尽管还未刊出，也赶快先把稿费汇出，他们为此一直都很感激韬奋的照顾。有了诸如此类相当重情义的合作，作者势必会成为出版机构更加稳固的合作伙伴。

韬奋创办生活书店之后，与鲁迅先生的合作也达到了高度融合的程度。他们同为中国民权保障同盟的执行委员，韬奋一直以来对鲁迅十分尊敬，鲁迅对主持生活书店的韬奋也十分关心，曾主动为韬奋的新著《革命文豪高尔基》一书提供了一批珍贵的插图，书出版后还亲自撰写书评。韬奋和生活书店更是一直主动寻求鲁迅的支持。从1933年起，生活书店陆续出版了四种文学杂志，一是茅盾主持，郑振铎、傅东华主编的《文学》；二是鲁迅主持，茅盾、黎烈文积极赞助，黄源主编的《译文》；三是陈望道主编的《太白》半月刊；四是郑振铎主编的《世界文库》。四种文学杂志，在当时，既是一条亮丽的文学风景线，也是一条坚强的左翼进步文化阵线。鲁迅对这些刊物十分重视，曾经说过这样风骨铮铮的话："其实《文学》与我并无关系，不过因为有些人要它灭亡，所以偏去支持一下。"（生活书店史稿编辑委员会，《生活书店史稿》，第98页）这里所说的"有些人"就是指国民党当局。对于韬奋和生活书店，当局不断无理地施加压力，以至于韬奋被迫流亡国外。鲁迅挺身而出，偏去支持他们，为他们仗义执言。

作为一位大作家，鲁迅对于生活书店的支持，不仅是精神道义上的，更是作品上的。鲁迅翻译的《桃色的云》（俄国爱罗先珂著）、《小约翰》（丹麦圣·霭覃著）、《表》（苏联班台莱夫著）等书，一起交与生活书店出版。据黄源的统计，鲁迅给四种杂志的供稿量很大，总共给《文学》二十五篇（1933 年 7 月至 1935 年 10 月）；《译文》二十七篇（从 1934 年 9 月至 1935 年 10 月）；《太白》二十五篇（从 1934 年 9 月到 1935 年 9 月）；《世界文库》1935 年 6 期登完了他的译著《死魂灵》第一部。四种杂志一共发表了七十九篇鲁迅的作品，其中《死魂灵》还是二十万字的长篇小说译著。黄源后来在《鲁迅先生与生活书店》一文中回忆道："特别是 1935 年，翻译《死魂灵》，鲁迅先生吃了大苦头。每月发表两章，翻译这三万多字，要整整花他半个多月日夜的时间。刚放下《死魂灵》的译笔，马上给《文学》写论坛，接着又给《太白》写稿，给《译文》找材料，翻译，一稿接一稿，连续战斗，没有一点停息。加上那年夏天，刚刚出梅，连日大热，室内竟至（华氏）九十五度。他室内又不装电扇，因为怕吹动纸张，弄得不能写字。但因杂志文章都有期限，而鲁迅先生交稿从不误期。这样他就顾不得汗流浃背，浑身痱子，仍然埋头苦干，不停息地写作和翻译。这四个杂志，得到'左联'作家的全面支持，团结了全国广大进步作家，结成一条坚强的文化战线，而有了鲁迅先生的文章，得到鲁迅先生的大力支持，'其声势之浩大，威力之猛烈，简直是所向无敌'。而出版发行这些杂志的生活书店也就成为反文化'围剿'中的一座战无不胜的坚强堡垒。上海福州路上的生活书店名副其实地成为出版进步文化书刊的全国公认的中心。"（穆欣，《邹韬奋》，第 79 页）

由于韬奋及生活书店与鲁迅之间难得的友谊与合作，1936年10月，在鲁迅隆重的葬礼上，"大家不忘记韬奋先生，把他从人堆中挤上了纪念台"，请韬奋发表了即席演说。他的演说悲愤、简洁、有力，令人难忘。他说："今天天色不早，我愿用一句话来纪念先生：许多人是不战而屈，鲁迅先生是战而不屈。"（《韬奋全集》第六卷，第722页）韬奋的这一演说辞，堪称精品。其精不在于精练，重要的是对鲁迅斗争精神高度的概括和由衷的称颂。据宋庆龄回忆："当时白色恐怖厉害，在鲁迅的追悼会上发言要冒生命危险。"（宋庆龄，《追悼鲁迅先生》，《鲁迅回忆录》，第2页，上海文艺出版社，1979）韬奋的演说，既表达了他对鲁迅无限的崇敬和义无反顾的追随，也表达了他对所有支持生活书店进步出版事业的作者的敬重。他的这一演说辞，至今还是回忆鲁迅追悼会时被引用最多的演说辞之一。

4. 事业性与商业性

韬奋自1926年接办《生活》周刊起，主持各种"生活"的报刊社和书店，可谓书报刊风行天下，声名远播，在出版内容上影响了一个时代，在出版经营上赢得了大好市场。人们不禁要问，韬奋在经营上又有些什么特别的奥秘呢？

既是为了回答这个问题，也是为了让生活书店同仁进一步统一思想，韬奋于1940年发表了一篇重要文章《事业性和商业性的问题》，从理论上分析了出版业的事业性和商业性的双重属性。

他指出，这双重属性如果处理得当，则有统一起来的可能性，而处理不当，则可能有对立的流弊，造成所谓的两败俱伤。他说，"所谓进步的文化事业是要能够适应进步时代的需要，是要推动国家民族走上进步的大道"，而当时出版业的事业性，主要体现在"努力于引人向上的精神食粮"，"努力于巩固团结坚持抗战及积极建设的文化工作"。他接着指出，"在经济方面，因为我们要靠自己的收入，维持自己的生存"，"所以我们不得不打算盘，不得不赚钱。这可以说是我们商业性的含义"。对于二者的统一，他很有信心地认为："因为我们共同努力的是文化事业，所以必须顾到事业性，同时也因为我们是自食其力，是靠自己的收入来支持事业，而发展事业，所以我们必须同时顾到商业性，这两方面是应该相辅相成的，不应该对立起来的。"他指出："把事业性和商业性对立起来只顾一头的做法是完全错误的，倘若因为顾到事业性而在经济上作无限的牺牲，其势不至使店整个经济破产不止，实际上便要使店无法生存，所谓皮之不存，毛将焉附，机构消灭，事业又何从支持，发展更谈不到了。在另一方面，如果因为顾到商业性而对于文化食粮的内容不加注意，那也是自杀政策，事业必然要一天天衰落，商业也就随之而衰落，所谓两败俱伤。"（《韬奋全集》第九卷，第 682—683 页）

韬奋不仅倡导事业性与商业性的统一，而且自觉践行这一理念，努力实现二者的协调统一。他历经磨难百折不挠地坚持办刊办店出书，正是一方面坚守文化阵地，发展出版事业，同时又大力拓展业务，处处精打细算，增收节支，使得事业有了稳步快速的发展。

从《生活》周刊起，他要求一切精打细算，实行严格的经济核算。降低成本是经营管理的中心环节。周刊编辑部从来不过四五人。在香港办《生活日报》，编辑部也不过十多人，既要编报纸，还要编一个三万字的星期刊。少用人员，就是为了节省开支，降低成本。当时的同事柳湜回忆道："以《大众生活》为例，它的定价是三分，经过批发出去，打六折或七折，每本可收回一分八厘或二分一厘。当时，每本已压低到九厘左右的利润，可以用它再生产和扩大事业。为了达到以刊物养刊物的目的，他在这方面，不知呕了多少心血。生活书店的积累正如韬奋所说，'是由全体同事在这十几年中流血汗，绞脑汁，劳瘁心力，忍饥耐寒，对于国内外读者竭诚服务的一片丹心赤诚凝结而成的'。韬奋的事业所以经得起打击，绝不是偶然的。"（邹嘉骊，《忆韬奋》，第255页）

　　韬奋还努力降低报刊价格，让利于读者。韬奋认为，当时中国的报刊定价太贵，与大众的生活程度不相适合。为了让更多的读者订得起报刊，他极力设法降低报价，减轻读者负担。在报刊发增刊或加大篇幅时，他决定不增加定价。《大众生活》周刊的封面曾用套色照片，成本比较高，可因此而增加的成本并没有让读者承担，而是在报刊的利润中支出。《生活》周刊号召声援东北抗日军队发起捐款运动的过程中，每期要公布捐款名单，仅此一期就要增加的印刷费两千元，也都由周刊社承担。生活书店在抗战时发行大量的抗战通俗读物，定价也都很低，都是书店贴钱出版。

　　事业性和商业性的统一，还在于要用事业性统领商业性，不能为了商业性而与事业性割裂开来，更不能让事业性受到损害。韬奋主张生活书店坚持出好书，不出坏书和消闲书，对于有害无益的书刊，不但自己不出版，别的出版社出版了，生活书店也要拒绝出售。对于那些于社会特别有用的书，即使可能不赚钱，他也坚持出版，要求书店重点推销。韬奋对报刊广告收入非常重视，甚至曾经只身冒雨到一家外国洋行去拉过广告。但是，对于刊登在报刊上的广告，他的要求十分严格，甚至将所刊登的广告提升到"报格""刊格"的高度上来审定，强调刊登广告与刊登言论新闻一样，要向读者负责。在《生活》周刊上，"略有迹近妨碍道德的广告不登，略有迹近招摇的广告不登，花柳病药的广告不登，迹近滑头医生的广告不登，有国货代用品的外国货广告不登"（《韬奋全集》第九卷，第728页）。这些规定与当时的一般状况的反差是十分鲜明的。当时的广告市场管理非常无序，许多不法商人常在报纸上投放不道德甚至虚假的广告，而不少报刊由于资金困难也往往顾不得许多，只要有钱，什么内容的广告都登。但韬奋的这些主张和做法是一以贯之的，即使在他所办的报刊资金遇到困难的时候也没有改变过。

　　韬奋是一位善于经营的出版大家，但他的主要精力还是放在书刊的编辑出版方面，所以在他的经营思想的指导下，还需要有一位既愿干又能干的经营能手配合，唯有如此，方能结出"事业性和商业性统一"的璀璨文化之果。韬奋慧眼识才，早在接手《生活》周刊之初，就认定了周刊社徐伯昕的经营才干，把周刊社里的经营一干事务全部交给他。徐伯昕不负重托，除在印务上严格控制成本，还大力开拓广告业务。他在拉广告过程中，尽心尽力帮助客户设计广告，使人钦佩之余，获得了许多同情和友谊。经过他的努力，把当时上海许多有名的民族品牌，像天厨味精厂、康元制罐厂、中华珐琅厂、五洲大药房、先施公司、梁新记牙刷厂等都成了《生活》周刊的广告客户。当时民族品牌还很弱小，洋货充斥市场，《生活》周刊通过广告宣传国货，也成为广告业务的一大特色。改版后的周刊，发行量从四万份一下增至八万份，其中广告的效用也功不可没，到《生活》周刊刊登广告，成为当时上海许多厂商的一种时尚，这也使得周刊经济效益大增。

徐伯昕比韬奋小八岁，一直尊韬奋为师友。从办刊物起，到办书店，直到 1944 年韬奋去世前的十八年中，一直受到韬奋高度信任，主管"生活"的经营。生活书店当初几乎是白手起家，书店经理徐伯昕既稳扎稳打，又开拓创新。他对出版资金的筹措和运用，从来都是精打细算，量入为出，从不冒险。他利用邮购户的结存余款，利用刊物的预收订费，将之变为书店不必付息的流动资金。他讲求出书效率，尽可能地缩短出版周期。他研究图书印数，采用少印勤印的办法，使有限的资金加速运转，得到充分的利用。这些都是他稳扎稳打、精打细算的表现。而生活书店编印《全国总书目》，创办联合广告，委托十大银行免费汇款等便利读者的创举，也是他细心考察、精心设计和积极交涉之下办起来的。这些都成为生活书店在全国同业中的创举，受到同业的赞佩。徐伯昕后来成为新中国成立后新华书店总店首任总经理。他经营才干的出色发挥，与韬奋对他赋予足够的信任度和执行权分不开，从这一点，我们也可以看出韬奋宽广的胸怀和卓越的经营能力。

5. 小结之四

韬奋为大众、爱祖国、敢斗争，使得他的新闻出版事业方向明确，导向正确，正气凛然，堪称社会的良心、大众的代言人。然而，在报刊林立的市场里，在书店蜂起的城市中，要做到这一切，则需要用心组织好自己的读者和作者，经营好自己的刊物和书籍，打理好自己的刊社和书店。否则，那些方向、导向、正义、良心、代言等等一切，都可能到达不了自己的目标受众，从而事倍功半甚至是无功而返。方向是我们理想的彼岸，经营是帮助我们到达彼岸的船或桥，导向是行驶中汽车的方向盘，经营则是汽车驰骋的驱动力。一个成功的新闻出版家，新闻出版方向、经营能力以及后文还要说到的管理水平、敬业精神等，几个方面可以有侧重，但绝不可以有偏废。1944年，周恩来在延安提议以韬奋为"出版事业楷模"，正是对韬奋做出的全面评价。

新闻出版事业的经营，内涵十分丰富，至少包括三个方面的内容。一是内部经营业务，如开源节流、以销定产、资金流转、生产组织等；二是外部经营业务，如营造市场、营销产品、创新促销、货款回笼等；三是深层次的经营，如内容策划、作者组织、读者服务以及出版经营的价值取向等。前两个方面，其实也是其他行业所通行的，必须遵循的原则大同小异。而第三个方面，则是新闻出版事业经营中最为核心的内容。可想而知，如果离开了出版物内容的经营，出版业将成为无源之水、无本之木；如果离开了作者的组织，出版业将失去主要合作伙伴甚至是衣食父母；如果离开了为读者的服务，出版业将成涸辙之鲋，寸步难行；而如果出版业失去了正确的价值取向，则将难以实现社会效益和经济效益的有机统一，韬奋所追求的事业性和商业性的统一就将受到破坏，使得整个事业受到根本性的损失。韬奋对出版机构内部和外部的经营业务一直严格要求，而对深层次的经营内容更是高度重视，常常亲力亲为，这才保证了"生活"的事业不仅功在当时，而且利在千秋。

关于新闻出版业的经营，业内不少人常说的一句话是：经营从来就有大账和小账的区别，关键看你是算大账还是算小账。仿佛算小账的人格局不大，算大账者才志存高远。其实，这话并不完全正确。韬奋既是一个算小账的经营者，更是一个算大账的新闻出版家。韬奋的小账算得精，"生活"的日常经营才一直井然有序，即便在受到残酷迫害的艰难时期，也能够有尊严地"生活"着，正如他所说的："在经济方面，因为我们要靠自己的收入，维持自己的生存"，"所以我们不得不打算盘，不得不赚钱。这可以说是我们商业性的含义"。可也正因为韬奋还是一位算大账的新闻出版家，高境界、大格局决定了他必然会把"为大众、爱祖国、敢斗争"的大账算好。为了抗日救国，生活书店可以赔钱出版一批抗战急需的好书，甚至为了青年读者学习的需求，生活书店赔钱出版学术著作也在所不惜，绝不患得患失。这样的大账，韬奋看得准，出手狠，使得"生活"的书刊出版和书店经营格局越来越大，越来越受到人民大众的热爱，受到进步力量的拥护。祖国将永远铭记他的功德。

第五讲

懂管理

韬奋主持的生活书店，在抗战期间迅速发展成为在全国拥有五十五家分支店的大型出版发行机构。

生活书店重庆分店。

生活书店桂林分店。

生活书店昆明分店。

生活书店梅县分店。

生活书店西安分店（门市部）。

生活书店武汉珞珈山营业处。

生活书店香港分店。

生活书店新加坡分店。

1. 绝无仅有的创举

韬奋研究专家、著名新闻记者穆欣指出，韬奋把生活书店办成"生产合作社"体制，"这在当时国民党统治区的企业里，算是绝无仅有的做法了"。（穆欣，《邹韬奋》，第148页）

创办生活书店，原本是韬奋和胡愈之等人出于应对《生活》周刊遇到不测时的一个权变安排。当时，他们很担心国民党当局查封杂志，为了预防不测，决定创办生活书店，这样他们可以利用生活书店继续开展出版业务。书店开始筹办时，韬奋就做出了一项创新设计，决定采用生产合作社的体制来办一个具有民主特点的实体。他指出：书店不是任何个人借以牟利的私产，而是全体职工以劳动所得共同投资的文化事业机关。书店的章程为此做出了三项原则规定，即经营集体化、管理民主化、盈利归全体。

在胡愈之等人的协助下，韬奋对生活书店的投资主体做了富有新意的安排：原来生活周刊社投入生活书店的资金、资产折算成货币，以原先在职的二十余名工作人员过去所得工资总额计算，按比例作为这些职工入股的股金。他们规定资本每股十元，包括韬奋在内，任何个人的股金都不得超过一千股，不到此数每年将所得一部分红利加股，加到上限股金额度。除短期雇员外，凡是店中员工任职在六个月以上的都有当这个"生产合作社"社员的资格，也就是书店的股东。新进员工，从任职六个月起，每月从其工资中扣除百分之十，至入社满一年时，再行并计，成为新增加的股份。社员缴纳股份后可以享受股息。在每年总决算后，除应当提出的公积金、社会福利金和员工红利外，由社员大会依照营业的利润盈余，讨论决定按股分配股息。店内经济完全公开，每年都有会计师查账证明。"总之这个生产合作社的原则，以社员共同投资，经营出版事业，促进文化生活为宗旨，除用在服务社会上的费用外，所得盈利归于全体。这虽不能算是合于理想的办法，但至少已没有谁剥削谁的存在，各人一面为社会服务，同时也为自己工作。"（《韬奋全集》第五卷，第624页）

生活书店的生产合作社体制，在当时，可以说是绝无仅有的创举。其时在上海的中国人企业，要么是私人家族公司，要么是股份公司，还有就是官办的公司、社会团体的公司，完全做到"劳者有其股"的利益共同体，而且不让"一股独大"，杜绝了个人资本和私利扩张的可能的，生活书店可谓绝无仅有。尽管这种体制可能会对吸引更大投资、实现资产扩张关上大门，也可能会带来新的层面上的平均主义，但它保证了劳动者的完全权益，企业内部的凝聚力必然极大增强。何况，生活书店当时正在创业阶段，又处于特殊的战争环境下，绝大多数员工迫切需要的是生存和安全，这种民主体制让他们有了非常强烈的归属感和安全感。再者，作为轻资产的出版企业，对于更大投资需求并不突出，故而生活书店的事业在当时有了相当迅速的发展。

当时，与绝无仅有的体制创举可能同样是绝无仅有的，就是生活书店采取的民主集中制的管理模式。店里的事情都是由全体员工公开商讨，每一位员工都有自由发表意见的权利，每一个人都有表现见解的机会。为了保证员工切实行使当家作主的民主权利，书店内部设有理事会、人事委员会、监察委员会三个领导机构。理事会的职责是商定经营上的重大事情，人事委员会是商定人事方面的待遇和奖惩，监察委员会主要任务是查阅账目。三个机构的成员都由全体员工民主选举产生。此外，还有全体员工组织的自治会，共同处理关于同仁的卫生、娱乐及教育等问题。随着事业的发展，各委员会工作的任务变得稍微复杂起来后，韬奋认真总结经验教训，提出了"集体领导，个人负责"的办法，要求各分店负责人具体处理好各项事务，不能事事推给各个委员会，而应当根据领导机构所定的原则去执行，切实认真负起自己的责任来。

　　生活书店有着严明的工作纪律。韬奋自己和普通员工们一样，每天上班签到，每月领取工资。店内工作时间实行严格管理，上班时间不准办自己的私事。书店进人也严加管理。所有员工，除极少数是依据事业的需要而聘请来的特别人才以外，其余都经过考试手续进入。韬奋率先垂范，全店形成了风清气正、积极工作的良好风气。

　　对于店内的民主管理，韬奋有一番相当明确的说明，他说："所谓民主精神，还可分三点来说：（一）须有参加讨论的雅量，即讨论时须能平心静气，遇有与己不同的意见，亦能虚心倾听，不要意见不合就发脾气，或结成冤家。（二）须有服从多数的习惯。讨论的时候尽管知无不言，言无不尽，甚至做热烈的讨论，但一经多数通过，即须服从决议，不应口是心非，或尚存侥幸之意，甚至另作捣乱企图！……（三）须有集体责任的认识。任何事一经领导机构决议之后，任何参加者都须共同负责，即所谓集体责任。"（《韬奋全集》第九卷，第617页）韬奋此番民主管理的思想和做法，放在二十一世纪今天的企业管理上，也许可以说不足为奇，然而，这是二十世纪三十年代的中国，在他一手创立的"生产合作社"里，作为企业的最高领导人，他竟能提出如此具有科学精神和人文精神的管理理念和细节要求，不能不令人叹服。

生活书店的老员工袁信之曾经这样回忆韬奋的民主管理，他说："韬奋同志在汲取群众意见的基础上，立即采取了几项沟通上下的措施。一个是规定每月举行一次全体同仁参加的茶话会，韬奋同志希望大家在会上畅所欲言，从改进业务、交流工作经验直到相互批评，末了往往还要加一点小小的余兴，像讲一个故事，说一个笑话等等，使大家尽欢而散。"（邹嘉骊，《忆韬奋》，第248页）韬奋的民主管理不仅建立在利益共同体的民主体制上，也是在良好的企业文化环境里开展起来的。企业内部不仅在利益上实施公平分配，使得人人心情舒畅，在人际关系上还提倡和谐友善，使得员工们养成良好的精神状态。老员工钱小柏回忆道："我一进入由韬奋先生创办的生活书店，有不少事情都觉得新鲜，因为与过去在别的单位里工作时完全不同。生活在生活书店，比在任何其他单位都要舒畅愉快。整个书店从上到下，都是目标一致，亲如兄弟。人人都为这个进步文化事业自觉努力，真正做到各尽其能，废寝忘食。譬如一般单位都要八小时工作，生活书店规定每天七小时工作，但如果工作未了，往往会忘我地八小时、九小时做下去，直到完成任务才停。又如为了使刊物准期出版，包括韬奋先生、金（仲华）先生在内，我们都会整夜泡在印刷所里……从来没有人说一句怨言，发一句牢骚，更没有人偷懒。大家都有充分的责任感，干得既情愿又愉快。"（邹嘉骊，《忆韬奋》，第452页）

　　韬奋对员工情绪的重视和管理，事实上就是一种价值观管理。价值观既体现在书店的大事上，也体现在许多工作细节中。韬奋特别注意用细节管理来传递他所提倡的价值观，从而形成良好的企业文化环境。生活书店许多老员工都难忘韬奋"锯凳脚"的故事。员工们怎么也没想到，一天，韬奋带人拿着锯子等木工工具来到办公室，替所有员工改造座椅的凳脚。他按照每个员工身材高矮、视力强弱的不同，锯去长短不等的一截，使他们在伏案工作时不致因为弯腰贴桌过于吃力，有碍健康。说起来这是一件小事，可像这样的小事在韬奋身上不胜枚举。韬奋一直处于紧张繁忙的编辑、写作、联系作者、服务读者以及对外交涉等工作中，他却能一丝不苟地切实操持这些细节管理，使得许多生活书店同仁终身深情地感念。

　　在管理学上，韬奋所实行的管理方法可以归入以人为本的行为管理学派。可是，以人为本、行为管理直到"二战"之后许多年才逐步形成一个比较热门的学派，而韬奋早在三十年代就这样去实践了。从一定意义上来说，这是他人生观、思想高度、事业理想所导致的，也是他高尚品格的具体表现。韬奋的管理思想与他"永远立于大众立场"，追求公平正义的民主理想的思想情怀是高度一致的。生活书店的事业之所以有那么迅速的扩张，内部凝聚力之所以有那么难得的坚强，首先与韬奋新闻出版事业的思想情怀、事业理想有关，同时也与他设计的民主体制和实施的民主管理分不开。正如曾任中华职业教育社副总干事的孙起孟所说，韬奋主持生活书店成功的秘诀，"就是实行事业的民主。以大众的事为主，不以个人的事为主，这是他事业理想的民主；以参与事业的干部为主，不以自己为主，这是他事业管理的民主"（邹嘉骊，《忆韬奋》，第 181 页）。

2. 人才主义的用人政策

真正懂得企业管理的，第一要义就是要懂得企业的人才管理。

企业的人才管理，首先是对所有人员的管理，然后则是对有专长人才的管理。

韬奋一直十分强调人才主义的用人政策。

他非常关心员工的情绪状态。前面说到的书店每月与员工们开茶话会，就是一种观察情绪、调节情绪的做法。韬奋还倡导成立员工读书会、演讲会，在书店员工中营造一种积极向上、健康交流的文化氛围。平时他对各位员工的思想情绪很注意。譬如，有的员工热衷于搞社会活动而放松业务学习；有的读书看报不够，有事务主义倾向；有的不够注意同事关系，提出批评意见常常出于冲动。韬奋会及时进行善意的提醒和诚恳的规劝，并总结出一些规律性的表现，对事不对人地提请大家一起讨论。韬奋诚恳地对大家说："我们这一群，是为着进步的文化事业而共同努力，我们是同事，但同时也是好友。我们彼此之间应该有着深挚的友谊；我们彼此之间应该有着深厚的同情，亲切的谅解，诚恳的互助。亲密恳切的友爱应该笼罩着我们的整个的环境。"(《韬奋全集》第九卷，第 705 页）又说："我们以兄弟，同伴的情谊，自己实行对自己的检举，同时也对自己的同伴，亲切而又严肃的给以批判，不论大小，具体的拿来讨论。"(《韬奋全集》第六卷，第 353 页）韬奋对待员工的态度可谓既热情友善又严肃认真，还非常注意工作的方式方法，俨然是在带领一支战斗的团队。

韬奋对于改善员工的生活状况相当尽心尽力。他非常注意员工的薪资，该加工资时就加工资，该增加医药费时就加医药费，并定期进行员工健康检查。书店在上海租了一幢宽敞的楼房作为书店的员工宿舍，提高员工的生活水准。这是在当时上海同业的员工中引起很大羡慕的事。在武汉，书店也是把当时通风好、光线好的二层楼大房间作为单身员工的集体宿舍，同时也让夫妻一起来到武汉的员工住上小单间。韬奋考虑到许多员工孤身随店从上海迁来武汉，心情难免郁闷，决定提高员工的伙食标准，以酬辛劳，安慰情绪。为了让留在苏浙沪一带的家属来武汉团聚，书店还给回去接家眷的员工支付全部往返交通费用，并准假一个月不扣工资。当时一位员工往返路费常常需要二三百元，是书店一笔不小的开支。这一决定发布后，大家都很感动，有人还落下了眼泪。

韬奋与他的重要要助手徐伯昕、杜重远、孙梦旦等人的深情厚谊也十分令人感动。

他在国外流亡两年多，1935 年 8 月，由美国回到上海，下船后将行李交给前来迎接的妻儿，未及与妻儿说话，立即"眼眶里含着热泪"直接去探望被国民党当局判刑囚禁的杜重远。《生活》周刊被查禁后，杜重远主编《新生》周刊，因为发表《闲话皇帝》，触怒了日本驻上海的领事，居然导致国民党当局封刊抓人，将主编判刑。韬奋为此提前结束国外行程，赶回来声援抚慰战友杜重远。随后，韬奋又直奔生活书店，和阔别多时的同事们欢聚。欢聚中，听说在家主持店务的徐伯昕劳累过度，染上严重的肺病，当即赶往徐家探望，不由分说，决定马上把徐伯昕送进疗养院治疗。徐伯昕半年后竟然大病得愈，重返生活书店领导岗位。

1939 年，当初与韬奋、徐伯昕一起接办《生活》周刊的孙梦旦，年方二十九岁，因肺病治疗无效不幸去世。韬奋无比悲痛，撰文《悼本店同志孙梦旦先生》，深情地写道："在本店失去一个忠实的同志，在文化界失去一个得力的伙伴，这种损失是很可痛惜的。"他追忆孙梦旦"十六岁即加入刚创办的生活周刊社。在最初数年中，因经济基础薄弱，事多人少，又无力添人，固然无所谓星期日或假期，夜里总要工作到十二时以后才勉强休息。今日追想梦旦当时共艰苦不但无怨言，而且忠于职务，勤奋异常，更不胜其哀痛！""梦旦生平最使人不能忘的是对公务的责任心"，"经常自动通宵办公不息"，"他没有想到太不顾及健康，终究还是事业和社会的更大的损失"。韬奋悲痛之时，还不忘叮嘱全店同事："努力事业，同时还须保卫健康，这是我们大家所须特别注意的。"(《韬奋全集》第九卷，第88—89页）韬奋在悼念不幸早逝的同事的同时，还不忘对店内员工的关心爱护，嘤嘤之声动人，增强了员工之间的团结友爱。

韬奋对同事的深情厚谊不仅表现在对待重要助手的态度，也一样表现在对于一般员工遭遇不幸时的态度上。他在店内一直都在提倡大家彼此间是同事，同时也是好友。他说："友谊是天地间最可宝贵的东西，深挚的友谊是人生最大的安慰。古人曾有'得一知己，虽死无憾'的话语，也是形容真切友谊的可贵。古今从友谊中不知发生了多少可歌可泣的故事！我们这一群，是为着进步的文化事业而共同努力，我们是同事，但同时也是好友，我们彼此之间应该有着深挚的友谊；我们彼此之间有着深厚的同情，亲切的谅解，诚恳的互助。亲密恳切的友爱笼罩着我们的整个环境。"(《韬奋全集》第九卷，第705页）

1936年11月，生活书店的年轻编辑王永德因患伤寒不幸去世。韬奋亲自送他入棺，失声痛哭，并撰写了充满感情的《悼王永德先生》一文发表在《生活星期刊》上。七年后，韬奋在临终前抱病撰写《患难余生记》时，又一次详细介绍了王永德所做过的贡献。1940年2月，生活书店昆明分店经理毕子桂患盲肠炎，因敌机轰炸，手术延误致死，时年仅二十五岁。韬奋非常悲痛，撰文《痛悼子桂同事》，文章里可以感触到韬奋对同事的拳拳之心、殷殷之情。他写道："2月2日我看到昆明分店子桂患急性盲肠炎入院割治的急电，如晴天霹雳，忧心如焚，……当即托渝友介绍昆明名医助诊……此后我们时刻盼望有好消息来。6日昆明第二次来电报告子桂病危，在挽救中，当即复急电：'桂病危切念，请尽最大努力救治，续情电告.'……我们都时刻在提心吊胆地苦心拯救这位'文化战士'的宝贵生命。7日接昆明第三次来电，报告子桂危急。我7日夜间忧念不能安眠……"8日清晨韬奋接到毕子桂终于不治病亡的电报，"踏入房间，泪如泉涌，绝对料不到子桂这样短命，不禁为文化事业万分痛惜"。（《韬奋全集》第九卷，第671页）这一番感情可谓痛彻心扉。虽然只是一般的同事关系，韬奋却犹如痛失亲人一般哀痛，表现了他崇高的同志之爱。这样的同志之爱，"笼罩着我们的整个环境"，感动了全店员工，多少年后许多员工都还记忆犹新。

韬奋在思想上、生活上对员工的关心可以说到了无微不至的地步，然而，对员工的管理，他照样严肃认真，一丝不苟。

韬奋要求员工忠诚地为读者服务，做事"总是要认真，要负责"，绝对不可以马虎。为此，生活书店制订了员工办事规则，每一位员工在自己的岗位上都有章可循。譬如，强调卖书的员工不可以不知书，不可以读者一问三不知。对于干部，韬奋的要求则更加严格全面。他提出了两句著名的口号，即"干部决定一切"，"技术决定一切"。他认为两者是相互联系、相辅相成的。干部就应该是具有办事技术的能手，否则是干不好的。他要求干部必须有"对于人事方面的大公无私，是非明辨的精神，必以事实为根据而不以私人的感情为标准：这是主持事业者主要的基本态度。"（《韬奋全集》第九卷，第648页）他指出，社会中有些机关喜欢援用亲戚，结果是害多于利；还要注意不能让员工私人的友谊影响工作，以免影响干部公正的判断和公平对待人才。这些要求都实实在在，入情入理，可以直接用来指导书店干部员工的日常工作。韬奋对于干部员工的要求，都是为了替书店创造良好的工作环境。韬奋最大的希望就是吸纳人才、爱护人才、人尽其才、留住人才。他说，凡认真爱护事业的人，都应该诚心诚意地爱护干部。他提出的措施相当具体：（一）要注意干部的需要和困难，需用最关切的态度，尽力帮助解决；（二）要注意教育干部，使他们的天才获得最大限度的发展；（三）要注意分配干部以最适当的工作；（四）要注意保护并增进干部的健康；（五）要注意提拔干部；（六）要注意奖励干部；（七）要注意使干部能有机会尽量贡献他的意见，并虚心考虑他的意见；（八）要注意使干部没有内顾之忧和后顾之忧。其中，第（二）条说得相当振奋人心，他说："我们要注意教育干部，使他们的天才能获得最大限度的发展：他有十分才干，我们要他的十分才干都发展出来；他有百分才干，我们要把他的百分才干都发展出来。我们要不让他的天才有一分一毫埋没掉。"（《韬奋全集》第九卷，第648页）

韬奋还十分重视把好书店的进人关。他说："我自从全权主持生活周刊社之后，始终坚决地不介绍自己的亲戚，也可以说不用私人的任何关系而作为用人的标准。这也许有人要觉得矫枉过正，但是，为着扫除封建余毒，宁严毋滥。"（《韬奋全集》第九卷，第734页）韬奋坚持进人必须经过考试，解决了进人没有程序、容易形成亲疏帮派关系的问题。他对新进员工考试中的主要要求是有实在的本事和一定的政治认识，此外，以具有中学毕业的青年为主要对象。考试相当严格，要经过几个轮次的筛选，直到试用六个月后，才能最后确定是否正式录用。韬奋作为总经理，再忙也要亲自参加招考工作。他常说，这是请"老板"进来。因为新员工一旦录用，就可以通过薪酬配股成为股东，所以用人不能马虎草率。其实，更为重要的是，严把进人关，既使得一些具有真才实学的上进青年得到就业的机会，从此走上从事进步文化事业的道路，也使得企业能够吸纳到真正需要的人才，壮大人才队伍，更为重要的是，这将有利于营造风清气正的企业环境，提高企业管理的科学化水平。

3. 学习是进步的源泉

韬奋要求员工特别注意学习和提高。他在生活书店的内部刊物《店务通讯》上写道："本店同仁向来有一个良好习惯，就是学习的兴趣相当浓厚。""我们'工作第一'，不但不反对学习，而且要提倡学习。尤其我们都是青年工作者，青年工作者要常在进步的征途上向前迈进，因为我们要使青年工作者能由学识经验的增加而渐渐加重他们的责任，非要在学习中求进步不可。学习是进步的源泉，进步可以增加工作的效率；这两方面应是相成相辅而不应该相妨碍的。"（邹嘉骊，《忆韬奋》，第455页）韬奋几乎是不厌其烦地反复说明员工学习的必要性和重要性。他说："我们固然都是很纯洁的，但是处在这样复杂的社会，仅仅纯洁是不够的，我们对于业务上的作风，对于处理事务的方法，对于应人接物的技术，对于实际环境的了解与警觉，都须加强我们的学习，都须时常有进步，必须这样，才不致事业愈扩大，弊病也随着增多。这是我们在艰苦中应该加强锻炼我们自己的。"（《韬

奋全集》第六卷，第 162 页）

生活书店在韬奋的带领下，一直保持着一股学习的热气。为了让青年员工得到更多更好的读物，书店出版的刊物，如《抗战》《世界知识》《文艺阵地》《理论与现实》等，本店员工一律赠送，一人一本，每期必送，以供自学。本版外版书籍也都对本店需要阅读学习的员工以特殊折扣销售。本版书籍可以每人以半价购买一本，外版书籍可以照批发进价购买。总之，要使得人人读得起书，人人有书读，人人以读书为荣。韬奋还让青年员工组成读书会，组织专题阅读，交流阅读心得。全店每月至少举办一次周末晚会，晚会除报告一些店内情况，一定会安排一个极好的国内外形势报告或抗战动态报告，报告人有时是店内的韬奋、金仲华、张仲实等负责人，有时是外请的名人，在武汉，韬奋曾邀请八路军办事处的周恩来、秦邦宪等来做抗战形势报告，还请沈钧儒、茅盾等文化大家来做专题报告。"听君一席话，胜读十年书。"青年员工们听到这些高水平的报告，顿时眼界开阔，精神振奋，境界提升。

为了让青年员工更好地学习出版发行业务，加深对文化事业的理解，提升对企业文化、企业管理的认识，书店创办了内部刊物《店务通讯》，这既是店内的一份业务通讯，也是员工们一份学习资料，还是让员工参与写作交流的园地。韬奋对这份内刊非常重视，对刊物的编辑、设计、印装和发行都提出了很高的质量要求。从二十一期起，他每期都会写一篇文章发表在这份刊物上。这些文章一直都是员工们争着要读的佳作。韬奋要求店里的负责人徐伯昕、张仲实、艾寒松等也要经常为这个刊物写稿，特别要求他们注重向员工解释店务和研究方法。这份内刊一共出版了一百零八期，是生活书店史乃至我国现代出版史上一份珍贵的文献。

为了让生活书店的广大员工获得一份比较完整的关于文化出版事业、编辑出版专业、书店内部管理、员工职业修养等方面的读物，韬奋把自己在《店务通讯》上发表的文章编辑成书，书名为《事业管理与职业修养》，印发给全店员工。此书依文章内容分为四类：（一）关于民主与集中，（二）关于干部与待遇，（三）关于服务的对象与态度，（四）关于工作与学习。此书附录有韬奋撰写的《生活史话》，回顾生活书店十五年艰苦奋斗的历史。这是我国现代出版业最早的关于出版发行职业培训的教科书。

韬奋培养青年员工的热情一直非常盛旺。他临终前还在《患难余生记》一书中总结生活书店的八个传统，即：坚定，虚心，公正，负责，刻苦，耐劳，服务精神，同志爱。他是很想把这些传统一一进行总结，使之成为书店员工学习继承的内容的。可惜病魔缠身，迫使他不得不就此搁笔，未能继续写下去。韬奋就是这样一位诲人不倦的杰出的领导人。他时刻关心着员工的学习进步。很多与生活书店有过或深或浅接触的人，都有比较相同的感觉，那就是，内中有一部分人没有受过中等以上教育，资质品质也没有特异之处，可一旦在"生活"待过几年，几乎个个在智能上、见解上、工作热情上，都有比较大的进步。员工们自己都有真切感受，在生活书店磨炼一些时间后，各个专业的人才都会有明显进步的感觉。老员工钱小柏回忆道："在韬奋先生的倡导下，书店里的学习空气特别浓，一个小学程度的练习生进店几年，往往可以达到大学文化水平。"（邹嘉骊，《忆韬奋》，第455页）

韬奋堪称我国现代出版业学习型组织管理思想的先导者和实践者。他的学习型管理的理念和实践，培育了一批优秀的出版发行领军人才。孙起孟曾经指出："我们且不谈生活书店的书刊发生了多大的影响，只谈新出版业的中上级干部很多都是生活书店出身这一点，就足以证明韬奋先生领导的成功。"（邹嘉骊，《忆韬奋》，第 181 页）

4. 管理者的表率作用

一个企业的最高领导人，他的管理理念、管理方法对于企业管理的效果固然非常重要，然而最重要的，还在于他能否站在企业整体利益的立场上而不是站在自己或少数人利益的立场上实施管理；此外，在他对被管理者提出要求时，自己能否跟大家一样按照要求去实行。也就是古人所说："己身正，不令而行；己身不正，虽令不行。"现在人们常说的，领导人一是要出以公心，二是要率先垂范。

韬奋最初还只是三个人组成的生活周刊社的主编，那时，他是以自己优秀的品格、充沛的热情和出色的专业能力来领导和影响同仁的。随着事业的发展，生活书店发展成为拥有四五百名员工、跨地区经营的较大型企业，这时，韬奋作为企业最高领导人需要面临的问题则要复杂许多。

首先就是能否出以公心。韬奋从一开始就注意到了这个问题。生产合作社体制的提出，领导职工平均持股，顿时就解决了谁为谁打工的问题。按说，要实现真正的公平，就应当按劳分配，理应由最先创业并做出巨大贡献的韬奋等人持股最多，按股分红他们也应当获利最多。但是，出于自己的理想，为了事业的长远发展，为了团结最广大的员工，还由于不敛私产的理念和大公无私的精神，韬奋带头放弃了自己应得的资产，只是按岗位取薪酬。这就从最根本的利益上，消除了与员工发生芥蒂和隔阂的可能性。而作为与这一体制相适应的管理模式，韬奋提出了民主集中制管理。这里的集中，也不是最后把权力集中到他这个总经理手上来，而是集中于书店全体员工选举出来的三个领导机构，在机构内采取少数服从多数的办法形成最终决议。他是把手中应有的权力都交给了民主，剩给他自己的只是提出意见和建议的权力，是按照集体做出来的决议努力工作的权力，还有就是员工们对他由衷的敬佩和追随。艾寒松的一番评价颇具代表性，他说："先生一生尽瘁文化事业，持身清廉，毫无私蓄，且亦从不计及个人利益，在《生活》周刊及生活书店先后工作十余年如一日，大公无私，丝毫不苟，律己严，待人宽，诚恳坦白，对青年备加爱护。"（邹嘉骊，《忆韬奋》，第 46 页）

韬奋对于生活书店同仁们的影响，不仅在于他大公无私，不计及个人利益，还在于他率先垂范的领导作风。在《生活》周刊，韬奋全身心投入工作，日夜忙碌，深夜还舍不得走，他的妻子沈粹缜曾经同他开玩笑道："我看你恨不得要把床铺搬到办公室里面去！"在生活书店工作的所有人都要按时签到上班，他也不例外。老员工袁信之回忆道："韬奋对别人要求很严格，对自己要求更严格。记得有这么一件事，足以说明韬奋同志的高度责任感和'公而忘私'的精神。有一天，他从家里出来，匆匆地踏上一辆人力车，忽然听到一声微小的金属落地的声音，检视之下发现原来是他手上的一枚结婚戒指丢了，但一看离上班时间已经很局促，估计如果回来找戒指，势必就会迟到，在这时候，他决定不去找戒指，赶着上班去了。这虽是一件小事，但在常人却是不容易做到的。"（邹嘉骊，《忆韬奋》，第 232 页）

前面曾说到韬奋关心随店搬迁到武汉的员工的生活状况，尽量给大家安排在通风好、光线足的二层楼上，带有妻子的还能安排小单间居住，可是，韬奋和店里的其他几位负责人，却一起挤住在一间大房间里，让员工们很是感动。韬奋决定为急于回江浙沪接家眷的员工提供路费，安排请假。可是，员工们都知道，韬奋的妻儿也都在沦陷后的上海，那时他全身心投入抗战文化的活动，每天忙碌得难得有喘息的时间，一时还顾不得把妻儿接过来，却能惦记着帮助员工们满足家人团圆的愿望。很多员工心里既感动又不忍，对韬奋的敬重之情愈发深厚。

韬奋更是以他的勤奋工作、刻苦学习为全店员工做表率。他的勤奋工作是有口皆碑的。从在《生活》周刊单打独斗做主编发展到全面管理生活书店，统帅五十六家分支店，韬奋完全是马不停蹄、夜以继日、呕心沥血、殚精竭虑，让员工们从心底里佩服他们的总经理。韬奋的刻苦学习，对于全书店员工几乎是一种笼罩式的生活方式。他几乎是笔不离手、手不释卷、孤灯疾书。在许多日子里，韬奋几乎是文章天天有，见识时时新。员工们和许多读者一样，新的一天开始时，一个强烈的期待就是读韬奋的文章。在如此巨大的榜样面前，员工们谁不爱读书都会感到愧对他们的总经理。

5. 小结之五

　　大量的事实表明，韬奋是一位杰出的文化出版企业管理者。他的管理杰出之所在，最重要的一点在于他管理的出发点是杰出的。他"永远立于大众立场"，追求公平正义民主的社会理想的思想情怀，是他管理事业的出发点。韬奋是这样来看他和同仁们所从事的事业的，他说："我们这一群傻子的这一个组织，所以要这样挖空心思来尽量使它合理化，目的却不是仅仅为着我们自己，我们要利用这样的比较合理的组织，希望能对社会有更切实的贡献。我常勉励我们的兄弟姐妹们，我们是在一个血腥的黑暗的时代，如不为整个社会的前途努力，一个机关的内部尽管如何充实，如何合理化，终不免要受黑暗势力的压迫摧残的。我们这班傻子把自己看作一个准备为文化事业冲锋陷阵的一个小小军队，我们愿以至诚热血，追随社会大众向着光明的前途迈进！"（《韬奋全集》第五卷，第625页）非常显然，韬奋从事文化出版事业的出发点是崇高的，是高出同时代其他文化出版企业管理者同道的。从这一出发点出发，他通过体制设计、制度建设，在企业管理上摒除了管理者攫取个人私利的可能，从而确保了企业发展的方向，使得管理效率倍增，事业蓬勃发展。

　　管理者的出发点固然十分重要，可是，企业管理还有许多规律性问题需要切实把握好。

管理既是一门科学，也是一门艺术。因为，倘若管理只是一门科学，那么，科学的管理方法任何企业克隆起来并非难事，为什么同一种方法实践的结果却常常大相径庭？可见其中还有奥秘。奥秘之所在，主要在于这是一门艺术。

　　在管理学看来，管理之本是管人，管人之本是管心，管心之本是管己，管己之根是待人。韬奋的管理艺术正是循着这样的轨迹直抵员工的人心。他能让员工服膺书店所倡导的价值观，无论是抗战爱国的还是人际友好交往的，大家愿意践行这样的价值观，这是一个企业既能树立正气又能和衷共济的精神基点。他能让员工们感受到企业的温情，无论是物质生活上的照护，还是精神生活上的呵护，都是一个常人难以回避也难以忘怀的。他能让员工们个人感觉受到重视，有一份真实的存在感，哪怕本来是总经理一次具有规劝意味的个别谈话，员工所受到的鼓舞往往却要超出受到的规劝更多。他能让员工们在书店运转的每一个细节上认清具体的要求，譬如怎样提出意见，怎样听取意见，怎样执行决定，这些要求都能让员工觉得入情入理，只要认真践行，就会有增添智慧、提升品德的良好感觉。而凡此种种，韬奋都能率先垂范；而凡有个人利益，韬奋都能先人后己。这样的管理者，其管理艺术真正称得上是不着一字、尽得风流、润物无声、效应尽显。

　　最高的管理艺术还需要建立在至诚的爱心之上。管理者只有充满了对企业的爱，对事业的爱，对人才的爱，对员工的爱，才可能把管理做得直抵人心，把企业的发展与员工物质生活、精神生活融为一体，把企业对员工的规范与员工对工作生活环境的诉求形成一致的意志，把所有员工的人生理想融入一项辉煌的事业之中。韬奋在管理上的全部努力，倾注着他对企业、事业、人才、员工真挚的爱。他在总结生活书店八项传统时，"同志爱"位列其中，可见他对企业内的感情状态十分重视。与韬奋接触过的人都说他有火一般的热情。他确实是以火一般的热情来对待企业的经营、事业的发展、读者的需求、作者的合作和员工的支持，从而使得这一切都如他那火一般的性格，充满热情、生气和活力。老员工周保昌回忆道："他善于依靠群众的智慧，热情地对待集体的事业，所以在工作中谁都愿意向他请教，而他一定谦虚地对待同事，腾出时间来和你谈话，帮你提高认识，解决问题。他把找干部谈话看成最必要的工作之一。他善于倾听大家的意见，他的态度是这样的热情和诚恳，他的意见有时这样的合理和中肯，谁只要一经与他谈话，都会感觉得到了鼓舞和力量。"（邹嘉骊，《忆韬奋》，第216页）孙起孟赞佩的韬奋"律己之严，治事之勤，爱人之诚，知人之明，以及这种领导作风的感人至深"（邹嘉骊，《忆韬奋》，第181页），更是深深地刻印在生活书店同仁们的脑海里。韬奋正是以自己真挚的爱心和精心的管理，不断地提升企业的价值，不断发展事业的规模，不断培养优秀人才，不断提升全体员工的素质，为"永远立于大众立场"的文化出版事业，打造了一支团结进取的人才队伍，不断创造出新的更大业绩。

第六讲

真敬业

1943 年 10 月，韬奋在病榻上撰写《对国事的呼吁》，严词痛斥国民党调集大军进攻陕甘宁边区的分裂行为。

韬奋在上海医院病房里和夫人沈粹缜及长子嘉骅合影。

1944年春，韬奋病情已十分沉重，仍坚持写作《患难余生记》，未及完成，即与世长辞。

热爱人民，真诚地为人民服务，鞠躬尽瘁，死而后已，这就是邹韬奋先生的精神，这就是他之所以感动人的地方。

毛泽东
一九四二年
十二月十二月

邹韬奋同志经历的道路是中国知识分子走向进步走向革命的道路

纪念韬奋同志逝世二周年

周恩来

毛泽东、周恩来为悼念韬奋逝世的题词。

1. 文化界的劳动英雄

周恩来曾经评价韬奋是"出版事业的楷模",高度肯定韬奋的为人和功绩,这是迄今为止对韬奋最为全面的评价。著名作家萧三撰文悼念韬奋,题目是《韬奋同志——文化界的劳动英雄》。用"文化界的劳动英雄"来命名韬奋,也引起了很多人的共鸣,他准确道出了韬奋这位"出版事业的楷模"精神的一个重要方面,那就是敬业精神。

当初,韬奋受命接办《生活》周刊时,周刊只是一份八开单张、仅印两千八百份的很不起眼的刊物,大部分赠送给中华职教社成员。故而韬奋后来回忆道:"我应该老实说,我自己在当时也没有看出这个'弃儿'有什么远大的前程,只是因为它是一个突然失去了保姆怪可怜的'弃儿',我义不容辞地把它收容下来!"但是,韬奋好强的性格、负责任的为人和从事新闻出版事业的理想,使得他认定:"既然干了,却不愿消极,却不愿怨天尤人,存在拆烂污的心理。"(《韬奋全集》第九卷,第718—719页)他首先调整和增加栏目,特别增加了"读者信箱"栏目。我们回顾韬奋新闻出版的经历,自然明白,这个"读者信箱",对于《生活》周刊、对于读者、对于韬奋及他此后的发展的意义非凡,它成了

《生活》周刊的第一品牌，成了读者走进周刊世界的通衢大道，成了韬奋新闻出版生涯的精神支柱，成了韬奋和他的同事不断奋进的原动力。可是，创办"读者信箱"栏目，起初只是韬奋的一个灵感，一个符合新闻传播学中"受众至上"规律的创意，在二十世纪初叶的通讯条件下，真正要使得这个灵感成为一篇美文，创意成为真正的"与受众互动"，韬奋需要付出的努力是难以想象的。他居然满怀希望地要努力地成为每一位读者的"好朋友"。整个编辑部只有两个半人（孙梦旦有一部分时间还兼顾职教社的事情），韬奋只能独自负责回复读者来信。读者的来信渐渐多了，因为专门设"读者信箱"的报刊当时在上海报刊界独此一家。韬奋每天差不多要用半天来看信。他自己拆信，自己看信，自己起草复信，自己誊写复信（因为要存稿），"忙得不亦乐乎，但也乐得不亦乐乎。因为做编辑最快乐的一件事就是看读者来信，尽自己的心力，替作者解决或商讨种种问题，把读者的事看作自己的事，与读者悲欢离合，甜酸苦辣，打成一片"（《韬奋全集》第九卷，第 721 页）。韬奋把与读者的这种联系当作编辑工作的重要组成部分，丝毫不曾有过厌倦和疲惫，甚至恰恰相反，他说感觉不逊于写情书，一点也不肯马虎。有些回信即使不会发表在报刊上，他仍然热情地写上千余字的回信。后来，《生活》周刊每年收到的来信有三万余封，他仍然力求自己亲自看信、回信，实在忙不过来时，才会安排信件处理员受理来信，但每封回信，他都会亲自审阅、签章。为此他付出了多少时间和心力，是可想而知的。但他的感觉却是："鞠躬尽瘁，写而后已。"（《韬奋全集》第九卷，第 722 页）"乐得不亦乐乎"。这实在不能不令人叹服，这就是文化界的劳动英雄！只有具备了很高的敬业精神的韬奋，才会在如此繁重的工作面前保持着如此昂扬的精神状态。

在《生活》周刊初期，因为经费拮据，难以支付高额稿酬，稿酬标准低到一千字四角钱，很难组稿。韬奋只好一个人承担起刊物绝大部分版面的文稿写作，而且是分文不取，只领取中华职教社发给的主编薪酬。也就是说，他那时候的写作完全是义务的。在这种情况下，他依然倾情而写，与青年读者既谈远大理想，也谈社会问题，有时谈美好婚恋，有时谈个性解放，或介绍世界名人，或宣传孙中山先生，笔名是用了许多，然而韬奋本人只是一个，一个"乐得不亦乐乎"的韬奋，一个"鞠躬尽瘁，写而后已"的韬奋。这当然是特殊困难情形下甘于奉献的精神。即便是"生活"的事业有了很大发展之后，韬奋依然是一心一意给"生活"撰稿，无论是《生活》周刊还是《大众生活》周刊及其他，及至生活书店。那时韬奋已经成了名闻遐迩的名作家、名记者、名出版家，也一切按照"生活"需要写作，而且并不计较稿酬，一切按照店内规矩办。而在其他商业性比较强的出版机构，韬奋的著作是可以大赚其钱的。实话说，韬奋不是不需要钱财，他家中一样有着需要赡养的妻儿，可是，他更看重他的事业、团队。在内部刊物上，他每周写一篇文章帮助青年员工学习，从来不取分文，为此他写了一百零八篇。这实在不能不令人叹服，这就是文化界的劳动英雄！只有具备了很高的敬业精神的韬奋，对事业、企业和同仁才会做出如此崇高的奉献。

出于对读者负责的精神，韬奋对书刊的质量从来不肯放松毫厘。他从抓稿件质量做起，对青年写作者备加关心，不惜耗费时日和精力，竭力帮助他们走上写作的道路。当年李公朴还是一位留美学生，寄给《生活》周刊的稿件内容丰富但过于芜杂，韬奋不遗余力地帮助他删改发表。毕云程、艾寒松等人也都得到过韬奋盛情邀约、热情扶持的好处。韬奋对名家素来友好相待，可也从不盲目崇拜，更不会人云亦云。在选稿标准面前，他坚持"取稿凭质不凭名"。他曾为一篇文章而亲自找到中华职教社领导，坦诚提出意见，让其修改到他认为满意后才予以发表。出于对读者负责的精神，《生活》周刊无论多么需要通过刊登广告解决经费不足的困难，韬奋都坚持要有所选择。这个选择不是用广告商给多少钱来衡量，而是完全看内容，内容合适的就登，不合适的就不登，即使广告费再高也不登。

出于对读者负责的精神，他在书刊编印环节对质量更是毫不放松。他发誓，第一不能容忍错字，第二不能脱期。为了不出错字，他甚至蹲在印刷所里跟工人一起排版改错字，一干就是通宵，当"东方已放射出鱼肚白了"，他"筋疲力尽中好像和什么人吵了一夜的架！"为了刊物不脱期，他和同事从武汉乘飞机撤退到重庆后，立刻奔向印刷所，和工人一起，突击排印《全民抗战》五日刊，确保这份战时发行到三十万份的刊物得以按时出刊。韬奋从编印八开单张单色的《生活》周刊起步，一步步提高刊物的质量，到装订成册再到彩色封面，及至生活书店大气厚重的各类书籍，这当中凝聚了韬奋多少心血，是可以想见的。而韬奋在"生活"所做的一切贡献，并非出于个人利益，完全是出于对事业的执着追求。这实在不能不令人叹服，这就是文化界的劳动英雄！只有具备了很高的敬业精神的韬奋，才会如同珍视生命一样爱护书刊的质量。

2. 擦亮铠甲，磨锐武器

韬奋是一位学习型的新闻出版家。他的学习精神，在他从业过程中，发挥了非常重要的作用。《生活》周刊读者面迅速扩大后，内容越来越丰富，读者提出的问题更是五花八门。韬奋无论在选稿过程中还是给读者复信时，都采取认真负责的态度，恪守"知之为知之，不知为不知"的原则，凡是遇到法律等专业问题，不怕麻烦，坚持求教于专业人士。韬奋说，自己之所以能够胜任主编，主要是久经生活磨炼，"学得办事的认真态度"，做什么工作都是敬业乐业。他说："这倒不是我的万能，因为我只能努力于收集合于各个性格的材料，有许多是由各种英文刊物搜得的。"（《韬奋全集》第七卷，第 198 页）勤奋的学习精神和出色的学习能力，使得韬奋的编辑出版业务能力不断提高。

为了更好地从事进步文化事业，韬奋始终处于孜孜不倦的学习状态。

1933 年 7 月，韬奋登上意大利邮轮佛尔第号，离开上海，开始了他的第一次流亡生活。

之所以称为流亡生活，因为这次出行完全是由于特务横行、爱国受阻、爱国人士连遭不幸的恶劣形势所迫。特别是杨杏佛先生被特务暗杀之后，社会上流传的"黑名单"上的人，就是特务再下毒手的对象。韬奋也在名单之中。胡愈之等几位挚友苦劝韬奋暂时流亡国外，一者权且避过险恶风头，二者考察世界大势。韬奋接受了挚友们的苦劝，筹借来路费三千元，尽管挚友们情愿相助，他还是明确表示今后写作偿还。他就此登上了流亡海外、考察世界的行程。

韬奋对旅行有着强烈的愿望，但这一次出行，却感到游兴不浓，反而是考察学习的愿望强烈。正如一位友人给他来信，希望他擦亮铠甲、磨锐武器，做一个更勇猛的战士。韬奋对友人的叮嘱，心领神会。自"九一八"事变以来，抗日救国的血脉一直贲张的韬奋，此番远行，犹如到西天取经一般，一心取来真经，拯救自己的祖国。

韬奋的爱女邹嘉骊女士曾对笔者谈起过父亲的此番考察。她说，这番考察对于父亲的意义，不仅是考察世界，而是在伦敦大英博物馆研读了马列主义书籍，从他回国后整理编译的《读书偶译》，可以看出来，他是从思想上、理论上真正信仰了马列主义。

韬奋此番流亡国外考察，领略了意大利的历史文化和现实的颓败，观察了法国社会鱼龙混杂的众生相，关注到德国法西斯政治的凶险，观赏到苏联社会主义的活跃景象，全面考察了美国金元帝国的概貌。让他比较沉静的是伦敦。因为在这里他读了大量的书籍，特别是系统学习了马列主义的英文原著，这位奋斗了许多年的爱国民主斗士，在这里取得了一套锐利的思想理论武器。这是他此行最大的收获。汉代刘向在《说苑·建本》中主张："学所以益才也，砺所以致刃也，吾尝幽处而深思，不若学之速；吾尝跂而望，不若登高之博见。"意思是要想增长本领，必须找对方法，方法找对，事半功倍。与其"宅"在家里空想办法，不如向人学习来得迅速；与其踮起脚来张望，不如登上高处看得广远。在这两年多的国外考察中，韬奋的思想境界、事业格局和人生观念得到了重要的历史性的提升。

韬奋的学习考察实现了"读万卷书，行万里路"的古训，与此同时，他还写了数十万言的文章。他在途中不停地写作，在轮船上写，在小旅馆里写，给《生活》周刊寄回了一份又一份稿子，总题为"萍踪寄语"。这些游记随笔让国内思念韬奋的读者十分欢喜，宽慰了他们对周刊主编的思念之情，让他们再次享受到韬奋那明显畅快、诙谐幽默的文风，领略了欧风美雨的点点滴滴。勤奋的韬奋，在两年多的时日里，在考察阅读听课之余，写下《萍踪寄语》初集、二集和三集，这三本书立刻成为国内青年读者引颈期待的热门书。回国后，他又出版了《萍踪忆语》，整理出版了《读书偶译》。这就是一位学习型的新闻出版家刻苦学习、深入考察和不倦写作的范例。

3. 为大众的写作者

韬奋是一位卓有成效的新闻出版家，在新闻出版生涯中，办报刊、做出版、开书店，二十年风雨兼程，事业一次又一次达到当时同业的高峰；他同时还是一位负有盛名的作家，二十年来笔耕不辍，留下作品一千余万字。这些作品，与他所创办的报刊和书店一直相关联，相辅相成，从一定意义上支持了他的新闻出版事业。

韬奋的写作，首先出于他在新闻出版事业上的敬业精神。《生活》周刊需要他的写作，这是我们前面已经说到了的。倘若没有他一支勤奋的笔，开初的《生活》周刊还不知道是一副何等模样。他的心血浇灌了《生活》周刊，也结出了自己创作的硕果。我们不妨读读韬奋那个时期的作品，写得何等轻松自如，何等平易亲切，还写得那般的纵横驰骋。为了刊物的需要，他什么都写，什么都努力写好。然而，他的文章又一径是那样的老道深沉，仿佛一位世事洞明的长者，其实他当时也还只是一位三十岁刚出头的青年文人。可想而知，韬奋是把刚刚学习到的大量知识直接转换成读者所需要的精神食粮，而其中必定融汇了他大量的智慧和心血。

韬奋的写作，重要的是他一直有话要说。《全民族的生死关头》是他有话要说，《再论热血民众的唯一武器》是他有话要说，《应彻底明了国难的真相》是他悲愤的呐喊，《国情与国哀》更是他泣血的呼吁，《学生救亡运动》《再接再厉的学生救亡运动》是他愤怒的呼声，《团结御侮的几个基本条件与最低要求》则是他与战友们共同的呼吁，《舆论的力量》《言行一致的政治》是他对中国扭曲政治生活的深层次批评，三部《小言论》（汇编本）是他对社会纷纷纭纭的问题发表的理性见解，一册册《信箱汇集》和《信箱外集》是他与读者的如面絮语。总之，韬奋的写作是与时代同行，与大众同心，全都是那样的有的放矢，全都是那样的与时俱进。由此，他成为当时最著名的政论家之一。他的写作使得他所办的报刊和书店有了更强烈的时代感和民众性，他的写作与新闻出版取得了相得益彰的效果。

韬奋的写作，还在于他的勤奋。最突出的例子就是在"七君子事件"期间，他依然没有放下手中的笔。"七君子"被关押了十个月，韬奋在十个月里就写下了《萍踪忆语》、《经历》（自传）和《读书偶译》（编译）三部书。在斗争如此激烈、管制那么凶险的环境下，他竟然能够岿然不动，心有定见，思虑缜密，笔触不乱，写下了他最好的一部自传和最好的一部游记随笔。周恩来在武汉与韬奋见面时，曾经当面赞赏《萍踪忆语》，他说："关于美国的全貌，从来不曾有过比这本书搜集材料之亲切有味和内容丰富。"（穆欣，《邹韬奋》，第286页）并且赞誉"这是难得的一部著作"。而这样"难得的一部著作"，竟然是在监狱中写成的，就更为难能可贵了。

韬奋的写作，我们尤其要推崇他的大众性。周恩来密切关注着韬奋的事业，在繁忙的工作中，挤出时间来阅读韬奋的著作和他主编的刊物，并且给予很高评价。1938年在武汉时，周恩来有次就创办一张新报纸的问题和党内新闻工作者谈话，他说："要好好学习韬奋办《生活》的作风，通俗易懂，精辟动人，讲人民大众想讲的话，讲国民党不肯讲的话，讲《新华日报》不便讲的话，这就是方针。"（穆欣，《邹韬奋》，第286页）

对于韬奋的大众性，胡愈之在《韬奋与大众文化》一文中有过比较精辟的评价和分析。他说："韬奋是属于大众的，是为大众的……文艺大众化问题，在中国文坛闹了二十多年，还没有得到全盘的解决，韬奋从未研究过这个问题，但从事实上他把这个问题解决了，至少解决了一大部分。"他说："他为大众说话，为大众诉苦，为大众怒骂。他站在大众立场，唤醒大众，教育大众，而埋头向大众学习。这就是韬奋成功的秘窍。"他分析道："鲁迅的写作方法，采取高级形象化，而韬奋则采取低级形象化，对于落后的大众，低级的形象化自然比高级的形象化更容易接受，所以就作品的永久价值来说，韬奋断不能和鲁迅比较，但就宣传教育的作用来说，韬奋对于同时代的影响，却比鲁迅还要来得普遍……由于他是为大众的，从大众学习的，说的是大众的话，所以他从不无病呻吟，亦绝不无的放矢。由于他的热情奔放，他的文章，自然丰润富裕，绝不至于像个小瘪三。"（邹嘉骊，《忆韬奋》，第 153—154 页）可以说，韬奋写作的大众化，正是他新闻出版工作坚持"永远立于大众立场"的必然结果。他的敬业，是敬重大众的新闻出版事业，而他的写作，正是他敬业的具体表现。

4. 忘我的工作精神

韬奋从事新闻出版及文化工作，从一开始，似乎就注定了要走一条崎岖曲折的小路，需要一步一步地攀缘前行。《生活》周刊一开始使用的办公室，就是一个小小的过街楼，三人一室，拥挤不堪，任何一个人要走动，其他两个人都要起身让路。事业刚有发展，就既有高官前来威胁利诱，更有特务暗杀的威胁，他被迫流亡国外。《生活》周刊被封，《新生》周刊被诉上法庭，《大众生活》《生活星期刊》相继被查禁，"七君子事件"身陷囹圄，生活书店分支店纷纷被封，直至韬奋愤然辞去国民参议会议员，出走香港……可谓没有一步是坦途，没有一步没有艰难困苦做伴，而他却一次也没有被真正摧毁。他一直在忘我地工作着、斗争着。

韬奋在新闻出版生涯中遇到的困难举不胜举，书中前面已经有过许多介绍。现在，我们只要再看看韬奋在他一生最后的日子里，是怎样工作生活的，就能更加真切地体会到他那忘我的工作精神。

韬奋从重庆出走香港时，只能和妻儿们分头行动。全家人一路上颠沛流离，险象丛生。韬奋到了香港，立刻与同道们商定工作计划，一面开始新的写作，一面筹备《大众生活》周刊的复刊。妻儿随后来到香港，他们全家五口只能挤住在贫民区的一间小屋里。繁忙的工作使得他一时无暇顾及家中的生活。他的战友、著名记者范长江回忆道："他终日专心致志于政治上与思想上的问题，勤勤恳恳，孜孜不倦。我从没有听过他谈他的个人问题。""我发现他的夫人沈粹缜女士有些为难的样子，仔细一问，原来他在港的生活和子女的教育均无着落，才由朋友们商量以预支稿费的方式按月给他四百元港币，才算解决了他全家的生活问题。"（邹嘉骊，《忆韬奋》，第203页）

香港沦陷后，他在中国共产党组织的帮助下撤离香港，进入广东东江游击区。在东江纵队里，他依然没有停下文化活动。当时，东江纵队开办了一个抗日青年训练班，韬奋和同来的一些朋友被邀请讲课。他便讲授了《中国的民主政治》，还讲了他的著作《抗战以来》中的一些内容。他还应邀给纵队编辑《东江民报》的工作人员讲授有关编辑知识，勉励大家把新闻工作作为自己的终身事业。他还替这份报纸写了一篇题为《惠博失陷的教训》的社论。韬奋作为一位著名的新闻出版家，如此平易近人，认真对待一切文化工作和新闻工作，给周围的人留下了深刻印象。

韬奋与自己的妻儿在东江农村有过一段短暂然而难得的团聚生活，但为了安全，还是让朋友把妻儿护送去桂林郊外隐居。韬奋一生不知经过了多少次避祸，多少次生离死别，为了他所追求的事业，难以全力照护妻子和尚未成年的三个子女，反而让妻子一人独立支撑，他的内心充满了惭愧与不忍。特别是在太平洋战争爆发，地下党组织文化人分批撤离香港时，韬奋又只能先撤。当妻子沈粹缜把他的行李收拾妥帖后，韬奋在妻子跟前跪了下来，说了一句话："我对不起你！"这既是感恩，也是内疚。"无情未必真豪杰，怜子如何不丈夫！"（鲁迅诗句）忘我工作的韬奋其实心里一直深爱着他的妻子和儿女，可是，为了事业，他也只能是克服心中的眷念和不舍，忘我地坚定前行。

因为国民党当局对韬奋实行秘密通缉，韬奋在中共党组织的帮助下，进入了苏中解放区和苏北解放区。韬奋有一个宏大的写作计划，他打算考察所有抗日解放区，写作一本《民主在中国》。在南通，他对数千军民发表了激动人心的演讲，展望抗战前景，宣讲民主政治和民主文化，给人们留下了难以磨灭的记忆。直到今天，南通市还有多处韬奋纪念地。

在苏北解放区，他的耳病愈发严重，经常头痛。那时正是苏北反扫荡战局十分紧张的关头，部队行动频繁，韬奋坚持带病行军。韬奋是文化名人，每到一地，当地干部群众总要热烈欢迎他发表演讲。他则是有求必应，在野地里，在阳光下，热情充沛地赞颂民主政治，贬斥一切黑暗势力。他白天出去考察、演讲，晚上则在黄豆般的灯光下埋头写作。他的病痛已经很重，尽管坚持打针服药，不时还是会严重发作，但他有坚强的意志，有忘我的工作精神，他的精彩演讲给解放区军民留下了深刻印象。

韬奋的耳病越来越严重，组织上只好把他秘密送回上海治疗。在医院，他仍在病床上坚持写作，写下了《对国事的呼吁》，撰写了五万多字的回忆录《患难余生记》。这五万多字，是他靠着打止痛针，一字一字写下来的。有时疼痛发作，他一面痛得发抖一面写，眼泪直流。在不到一个月的时间里，竟然写下了五万多字。这就是直到生命的最后一刻也没有放下手中的笔的韬奋。郭沫若先生在 1944 年 10 月重庆的韬奋追悼会上这样说到韬奋手中的笔："邹韬奋先生！你的一生，用你的血来做了这支笔的墨；我们要继续不断地把我们的血来灌进去。邹韬奋先生！你的一生，把你的脑细胞用来做了这支笔的笔尖；我们要继续不断地把我们的脑袋子安上去。我们要纪念你。韬奋先生，我们就要永远地保卫这支笔杆，我们不让法西斯再有抬头的一天，不让人类的文化再有倒流的一天；这也怕就是你通过你的笔所遗留给我们的遗嘱！"（邹嘉骊，《忆韬奋》，第 40 页）

这就是正义的人们对韬奋忘我工作精神的激越赞颂。

韬奋对人民大众新闻出版事业的忠诚，可以说达到了锲而不舍、生死与共的地步。他不畏疾风暴雨，不惧困厄丛生，入狱、流亡、暗杀、查封、围堵，一次次被扑灭，又一次次复活，一次次成功，一次次被迫分离……然而，韬奋和他的同道们，不断地聚积起新的力量，前赴后继，以磐石般的信念和赴汤蹈火的勇气，坚持着现代中国进步的新闻出版事业。写作、编辑、排印、发行、服务读者……所有这些，在韬奋看来，都是一代进步知识分子"永远立于大众立场"、"推母爱以爱我民族和人群"所应当做出的奉献。这就是韬奋，一位无比敬业的伟大的爱国者，杰出的新闻记者、出版家、政论家。

5. 小结之六

周恩来评价韬奋为"出版事业的楷模"，萧三称赞韬奋为"文化界的劳动英雄"，都是非常恰如其分的崇高赞誉。谈到韬奋的敬业，毫无疑问，出版事业的楷模，当然一定也是新闻出版业的敬业楷模；出版界在"文化界的劳动英雄"，也一定称得上是新闻出版业的敬业英雄。韬奋是中国现代新闻出版史上最为称得上最为敬业的新闻出版家。

进入新的世纪，新闻出版业从业人员的敬业问题空前突出。敬业是一个人事业成功的起点。整个行业从业人员的敬业状况，是这个行业能否健康发展的基础。一个人离开敬业，谈何个人事业成就？一个行业离开敬业，事业何处寻求发展？在当前利益价值多元化的环境下，新闻出版业特别需要重温敬业楷模韬奋的敬业精神。

新闻出版业的敬业精神，其内涵深刻而具体。著名政治活动家、中华职教社的创始人黄炎培先生在论及韬奋的敬业精神时有三句话，具有一定的概括力，他说的大意是：一是《生活》周刊自始至终从未脱期；二是全部刊物每一个字无论轻重大小，皆经韬奋阅过；三是韬奋从不肯在《生活》以外为其他刊物写文章。这一评价看似轻易，却道出了新闻出版从业人员敬业精神的一个基本规律，那就是：从小事做起，从一字一句做起，从对读者的信用做起，从忠诚于自己的事业做起。作为一个新闻出版从业人员，要想成就一番大事业，须得从这些小事情做起。

要做好这些小事，其实并不容易。它需要我们聚精会神地对待出版物，需要我们热情不减地服务读者，需要我们一以贯之地忠诚于自己所服务的事业，需要我们有刻苦的学习进取精神，更需要我们有顽强地克服困难的意志力。要做到这些，则需要从业者具有发自于内心的崇高理念和道德观念。韬奋是真正做到了这一切。他有对待新闻出版事业视若生命的执着事业心，对出版物品质的不懈进取心，对读者尽心竭力的服务精神，对作者热情友好的合作态度，对邪恶势力永不屈服的斗争勇气。韬奋的敬业精神，表现了"横眉冷对千夫指，俯首甘为孺子牛"的崇高境界，表现了"刀锯鼎镬在所不辞""宁为玉碎、不为瓦全""战而不屈"的优秀品质。他是真正实践了"乐其业，尽其职，负其责，精其术，竭其力"的敬业要旨。

敬业看起来是一个道德问题，其实，说到底还是一个人生观问题。当一个人决绝地宣称"横眉冷对千夫指，俯首甘为孺子牛"的时候，当一个人坦承"我生为真理生，死为真理死，除了真理，没有我的东西"（王若飞）的时候，当一个人吟诵"捧着一颗心来，不带半棵草去"（陶行知）的时候，当一个人深情地"永远立于大众立场""推母爱以爱我民族与人群"的时候，敬业，对于一个人，就超越了通常的职业道德层次，而获得了更高的人生境界和不竭的动力。当今天的我们要向韬奋努力学习敬业精神的时候，应当要首先在人生观、价值观上努力向韬奋学习，学习韬奋"热爱人民，真诚地为人民服务，鞠躬尽瘁，死而后已"的精神，因为"这就是他之所以感动人的地方"（毛泽东语）。

后 记

　　在习近平同志在文艺工作座谈会上的讲话全文发表、全国文艺界和新闻出版界认真学习贯彻这一重要讲话精神的热潮中，同时亦是在《中共中央关于繁荣发展社会主义文艺的意见》正式出台之际，《韬奋精神六讲》终于编写完成。习近平同志在讲话中提得最多的两个概念就是：人民和爱国，而这两个概念，正是韬奋精神最为核心的内容。可见，习近平同志的讲话既是对文艺工作的精辟论述，为文艺工作指明方向、提出要求，也是对革命的、进步的文艺工作的历史做出的深刻总结。讲话中提出的一系列重要观点，在韬奋的新闻出版和写作实践中我们也能找到许多生动的范例。显然，新闻出版工作者可以通过学习韬奋精神，加深对习近平同志讲话精神以及中央关于在新时期特别是"十三五时期推动文化大发展大繁荣的主要精神"的学习理解和贯彻落实。

　　在写下这部书稿的最后一句"这就是他之所以感动人的地方"之后，我不仅没有大功告成的喜悦和放松，相反，却陷入了长久的沉思默想。回顾整个写作过程，我清晰地感到，这既是从韬奋先生奋斗的实绩中提炼描述一个个感人故事的过程，更是全面学习理解韬奋精神丰富内涵的过程。更为重要的是，这是自己作为一名当代出版人，接受韬奋精神全面而深刻洗礼的过程。因此，这一番沉思默想，是经受醍醐灌顶洗礼的震撼之后的沉思，也是受了洗礼后到达新境界时的默想，同时，还伴随着对自己曾经有过的浅薄的反思。

直到现在，我才意识到，在写作这部书稿之前，自己对韬奋精神的认知实在是相当浅薄。尽管在从业三十多年的日子里，我曾经在较长的时间里肩负过领导多家重要出版机构的使命，尽管自己已经获得了以这位伟大先贤命名的出版业个人成就最高奖的"韬奋出版奖"，尽管已出任韬奋基金会理事长经年，然而，我并不曾全面深入地了解过韬奋先生的事迹，对于韬奋精神的诸多内涵更所知甚少，至多是一鳞半爪。所以，写作这本书，首先要做的是学习和理解韬奋精神。学然后知不足，学然后知浅薄，学然后知汗颜，学然后知反思。

现在，完成本书的写作之后，我可以说，此前，我和新闻出版业的许多同道一样，虽然熟知韬奋先生"竭诚为读者服务"的理念，却并不了解他为实践这个理念付出过多少努力，更没有认识到他所做的一切乃是因为选择了"永远立于大众立场"的道路和方向。我们虽然也对可歌可泣的"七君子事件"有所知晓，然而却并不了解韬奋先生为了抗日救国究竟做出过多少牺牲，更没有体会到他的爱国情怀已经融入其生命，他"推母爱以爱我民族和人群"的名言乃是出于他生命的呼喊。我们赞颂韬奋先生敢于斗争的气概，然而我们却并不了解他为此遭受过多少凶险和打击，尤其较少理解到，他的抗争乃是为国为民，为了他所憧憬的美好社会的理想，他临终留下的最后遗言"不要怕"乃是他一生奋斗的最强音。我们津津乐道于当年《生活》周刊神话般的崛起和生活书店拥有五十六家分支店的辉煌，却对韬奋先生在经营管理过程中的无私奉献、卓越理念和敬业精神不甚了了。韬奋先生之所以称得上是现代进步新闻出版业的一面旗帜、一位楷模，既因为他二十多年的业绩彪炳史册，还因为他具有新闻出版家的高超才能和职业美德，更因为他有竭诚为大众服务、一心为祖国献身的满腔热血和光明心地。

有哲人说过：一个人如果不知道他出生以前的事情，将永远只是一个孩童。那么，在不曾了解上述种种应当了解的韬奋先生的精神及其事迹以前，我实实在在还只是新闻出版业的一个小学生。这次写作的经历，庶几能使自己对新闻出版事业的认识有一番飞跃提升。我把此番心迹告诉了责任编辑叶彤先生，叶先生说他读罢书稿也有同样的感觉。

由此想到，偌大的一个新闻出版业，与我们有类似感觉的同仁当不在少数。我们大都较少知道以韬奋先生为旗帜的现代进步新闻出版业筚路蓝缕、艰难创业的历程，较少感触到以韬奋先生为代表的现代新闻出版业先贤们曾经有过的以天下为己任的博大胸怀和忠贞气概。是的，我们曾经为现代进步新闻出版业先贤们的辉煌业绩所激动，认为他们是学富五车的一代名士、风流才俊，可是，殊不知，"大学之道，在明明德"（《大学》）。读一读韬奋们的故事吧，其实他们首先是有抱负、有坚守、有胆识的仁人志士，然后才谈得到才学的深浅高下。他们以德为先，故而心中有北辰——爱国爱民；他们有胆识，故而心中有主裁——公平正义；他们甘于奉献，故而心中有目标——开启民智；他们务实奋斗，故而心中有事业——力保事业性和商业性两全其美。这是以韬奋先生为代表的现代进步出版业先贤们的进步意义之所在，是先贤们之所以受到后人永远敬重的主要原因，也是现代进步新闻出版事业能够继往开来、生生不息的重要保证。我们以为，这些认识，对于今天的新闻出版事业，无疑具有重要的启示意义。

感谢生活·读书·新知三联书店和人民出版社的领导，他们很早就提出了编写《韬奋精神六讲》的构想。今年适逢韬奋先生一百二十周年诞辰，三联书店路英勇总经理又一次鼓动我着手并完成这项工作。感谢邹家华（嘉骅）同志、邹嘉骊老师，他们总能清晰而满怀深情地向我讲述他们亲爱的父亲韬奋先生生前点点滴滴的感人故事。感谢他们，帮助我完成了学习研究并讲述韬奋精神的光荣任务。最重要的是，我们都要感谢敬爱的韬奋先生，他的精神、他的伟绩，传承至今，泽被后世，为我国新闻出版事业留下了宝贵的精神财富，成就了我们新闻出版工作者常学常新的一部精神读本。